ЛАФКАДИО ХЕРН (Јакумо Коизуми)

СТРАШНЕ ПРИЧЕ

Наслов оригинала

Lafcadio Hearn:
Kwaidan
Stories and Studies of Strange Things

ЛАФКАДИО ХЕРН (Jакумо Коизуми)

СТРАШНЕ ПРИЧЕ

(КАИДАН)

Избор и превод:

Драган Миленковић

Београд

2012.

ТАКТИКА

Наређено је да се егзекуција изврши у унутрашњем дворишту племићке резиденције[1]. Човека су одвели тамо и приморали га да клекне на широки пешчани простор преко кога је прелазила *тоби иши*, стаза од камења, онаква каква се често види у јапанским двориштима. Руке су му биле везане отпозади. Помоћници донеше воду у ведрицама и џакове за пиринач пуне шљунка. Слагали су џакове око човека који је клечао, заглављујући га тако да није могао ни да се покрене. Старешина самураја дође да провери како су припреме извршене и нађе да је све у реду.

Изненада, осуђени узвикну: "Поштовани господару, грешку нисам починио својевољно, моја глупост ју је учинила! Рођен глуп, посредством своје карме[2], нисам могао а да не чиним грешке. Али, убити човека зато што је глуп, погрешно је и та грешка се мора окајати. Ако ме будете убили, сигурно ћу вам се осветити! Бес који створите у мени изазваће одмазду и зло ће бити плаћено злом!"

Ако се убије особа која је огорчена, дух тог човека ће се осветити убици. Самураји то знају. Зато му старешина

---

1) Писац у тексту употребљава реч *јашики*, којом се означавала племићка кућа (резиденција) у Јапану. Зграде у таквој резиденцији биле су обично распоређене четвороугаоно, а унутра је било двориште слично шпанском патиу.

2) Карма – једна од главних догми у будизму, као и неким другим учењима, а представља апсолутни закон узрочности који неизбежно прати свет у свим његовим манифестацијама. Сва жива бића подложна су закону карме, који свет гони на поновно рађање, живот и смрт. Сваки, па и најмањи акт у животу, оставља за собом свој кармички ефекат, па човек добија судбину какву је заслужио претходним животом. Будисти верују у могућност поновног рађања - реинкарнацију.

одговори учтиво, чак скоро покорно: "Дозволићемо Вам да нас заплашите онолико колико желите - када будете мртви. Али, тешко је поверовати да стварно мислите оно што говорите. Да ли бисте били тако добри да, кад Вам будемо одсекли главу, дате неки знак који ће нас уверити у Вашу велику огорченост.

"Наравно, даћу вам га!" одговори човек.

"Врло добро", рече самурај вадећи дуги мач, "сада ћу Вам одсећи главу. Право испред Вас је стаза од камења. Када Вам глава буде одсечена, покушајте да њоме ударите о један од њих. Ако Ваш разбеснели дух може да Вам омогући да то урадите, неки од нас ће се стварно уплашити...

Да ли ћете покушати да главом ударите о камен?"

"Ударићу га!", викну човек обузет бесом, "ударићу га, ударићу га!..."

Бљесак, фијук, ресак ударац. Обезглављено тело се свали преко џакова. Два јака млаза крви прснуше из отвореног врата и глава се закотрља по песку. Котрљала се према камењу и, изненада поскочивши, ухвати зубима горњу ивицу једног камена, држаше је чврсто неколико тренутака и онда, мртва, паде.

Нико не прозбори ни речи, али помоћници у страху погледаше према старешини. Он се понашао као да га се то ништа не тиче. Мирно је пружио мач најближем човеку, који га поли водом из дрвеног лончета, и онда, пажљиво, обриса сечиво неколико пута меким папиром... Тако се заврши церемонијални део егзекуције.

Месецима касније помоћници и послуга живели су у страху. Нико није сумњао да до освете неће доћи, тако да их је помисао на то нагонила да виде и чују натприродне ствари. Почели су да се плаше хујања ветра међу бамбусима, да чак стрепе и од лелујавих сенки у дворишту. Најзад, посаветовавши се, одлучише да од старешине захтевају *сегаки*, службу за умирење злих духова.

"Сасвим непотребно", рече самурај, кад му је главни помоћник пренео општу жељу. "Знам да жеља за осветом човека који умире може да буде разлог за страх, али у овом случају немамо чега да се плашимо".

Помоћник погледа старешину преклињући, али оклеваше да упита за разлог његове алармантне мирноће.

"О, разлог је доста прост", изјави самурај, погодивши неизречену сумњу. "Само последња намера тог човека могла је да буде опасна. Када сам га изазвао да нам да знак, скренуо сам његове мисли од жеље за осветом. Умро је решен да главом удари о камен и ту намеру је, као што смо видели, стварно био способан да оствари. Све остало мора да је заборавио... Тако, о томе не морате више да бринете".

И стварно, мртвац не учини више ништа. Ништа се више није догодило.

У ШОЉИ ЧАЈА

Да ли сте се икада пели кроз таму степеницама неке старе куле, ходали кроз мрак и, усред те тмине, нашли се изненада на ивици - иза које нема ничега? Да ли сте ишли стазом поред мора, усеченом у самој стени, и, на заокрету, нашли се на зупчастој ивици провалије?

Вредност таквог доживљаја, с књижевне тачке гледишта, мери се снагом узбуђења и живошћу сећања на њега.

У старим јапанским књигама погдегде су сачувани одломци прозе који изазивају исто такво осећање... Можда је писац био лењ, можда се посвађао са издавачем, можда га је, док је седео за ниским сточићем, неко изненада позвао и никада се више није вратио у собу. Можда је смрт зауставила четкицу у самој средини реченице? Никада смртник неће моћи да нам тачно каже зашто су те ствари остале недовршене...

Ево једног типичног примера.

*****

Четвртог дана трећег месеца, треће године ере Тенва, отприлике пре 220 година[3] , за време пута приликом новогодишње посете[4] , господар Садо Накагава сврати у

---

3) Ера Тенва (1681 – 1683). Јапанци рачунају време према трајању владавине појединих царева. Сваки период владавине носи назив, који ће, после цареве смрти, постати његово посмртно име. Тај обичај поштује се и данас, па је име цара који у време објављивања ове књиге влада Јапаном Акихито, а назив ере Хеисеи.

Ера Тенва једна је од најкраћих ера у јапанској историји. Трећа година ере Тенва је 1683. година. Лафкадио Херн је ову причу писао негде око 1900. године.

4) У време владавине шогуна из породице Токугава (1603 – 1868), племићи су били обавезни да чине редовне посете војном владару (шогуну), а једна од тих редовних посета била је посета у време Нове године. Феудалци су били дужни

чајџиницу у Хакусану, у кварту Едоа званом Хонго[5]. Док се дружина одмарала, један од господаревих пратилаца, вакато[6] по имену Секинаи, много ожедне, па насу себи пуну шољу чаја.

Дизао је шољу према уснама, кад, на прозирно жутој позадини посуде, изненада опази визију или одсјај лица које не беше његово. Запањен, погледа око себе, али није могао никога да види у близини. Судећи по фризури, лице у чају беше лице неког младог самураја. Било је врло јасно и врло лепо, нежно као лице девојке. Изгледало је као одраз лица живог човека, јер су се усне и очи мицале. Уплашен тајанственом појавом, Секинаи просу чај и пажљиво разгледаше шољу. Била је то врло јевтина посуда за воду, без икаквих украса.

Он пронађе другу шољу и напуни је, а лице се опет појави у чају. Секинаи онда наручи свеж чај и усу га у шољу, а лице се, још једанпут, појави, овог пута са подругљивим осмехом. Али он не дозволи да га то заплаши: "Ма ко да си", промрмља, "нећеш ме више обмањивати". Попио је чај, прогутао лице, и све, и оде својим послом, помишљајући повремено са бригом да случајно није прогутао духа.

Касно те ноћи, док је био на стражи у престоничкој палати господара Накагаве, Секинаија изненади

да у граду Едо (данас Токио) имају резиденције, где би одседали приликом посете престоници, а у којима су током већег дела године живели чланови њихове породице, жена и деца – као својеврсни таоци који су гарантовали да побуна против шогуна неће бити.

5) Едо (старо име за Токио) је изграђен на месту истоименог сеоца, како би се Јапан у време шогуна Токугава децентрализовао, јер је цар остао у престоници Кјото. Хонго је сада део централних делова Токија и налази се између парка Уено и реке Канда.

6) Вакато је била титула самураја, који је служио у наоружаној пратњи феудалаца.

бешуман улазак неког странца у собу. Тај човек, богато обучени млади самурај, седе испред Секинаија и поздрављајући вакатоа лаким наклоном, рече: "Част ми је да се представим. Ја сам Хеинаи Шикибу. Изгледа да ме не препознајеш?"

Говорио је тихим, али продорним гласом, а Секинаи беше запањен када пред собом виде исти злокобни призор: лице које је прогутао у шољи чаја. Смешио се и сада, као што се смеши утвара, а сјај очију над развученим уснама, био је истовремено и изазован и увредљив.

"Не, не препознајем те", одврати Секинаи, љутито, а хладно, "и надам се да ћеш бити тако добар да ми кажеш како си ушао у ову кућу?"

У феудална времена господарева кућа била је стално и помно чувана и нико није могао да уђе непријављен, осим уз неопростиву непажњу наоружане страже.

"А, ти ме не препознајеш?!" узвикну посетилац иронично, прилазећи му ближе док је то говорио. "Не препознајеш ме, али си себи јутрос дозволио да ме тешко повредиш!"

Секинаи зграби кратки мач из појаса и снажно убоде у правцу човековог грла. Али, изгледало је да сечиво ништа није дотакло. Истовремено, уљез скочи у страну до зида и прође кроз њега (!). На зиду се не појави никакав траг. Прошао је кроз њега, као што светлост свеће пролази кроз папирни штитник лампиона.

Када је Секинаи известио о овом догађају, његова прича изненади и заинтересова остале службенике. Ниједан странац није био виђен да улази или излази из палате у време кад се догађај одиграо и нико од људи у служби господара Накагаве никада није чуо за име Хеинаи Шикибу.

Следеће ноћи Секинаи беше слободан и остаде код куће с родитељима. У прилично касне сате обавестише га да су неки незнанци дошли пред кућу и да желе да га за тренутак виде. Узевши мач, он оде до улазних врата и виде тамо три наоружана човека, очигледно самураја у нечијој служби, како чекају на прагу.

Сва тројица се с поштовањем поклонише Секинаију и један од њих рече: "Наша имена су Бунго Мацуока, Бунго Цућибаши и Хеироку Окамура. Ми смо у служби племенитог Хеинаија Шикибуа. Кад је наш господар јуче изволео да Вас посети, напали сте га мачем. Био је тешко рањен и приморан да оде у пределе топлих извора, где ће се приступити лечењу његове ране. Али, шеснаестог дана идућег месеца он ће се вратити и узвратити Вам за повреду коју сте му нанели..."

Не желећи више да слуша, Секинаи скочи напред са исуканим мачем у руци и размахну оружјем лево и десно према дошљацима. Али три човека уђоше у зид суседне зграде, нестадоше као сенке и...

*****

Овде се прича прекида, а њен наставак постоји само у некој глави која је прах већ вековима. Могао бих да замислим неколико могућих завршетака, али ниједан од њих не би задовољио источњачку машту. Више волим да оставим могућност читаоцу да, сам са собом, закључи какве би даље последице могле да стигну човека који је прогутао туђу душу.

СНЕЖНА ЖЕНА

У једном селу у области Мусаши[7] живела су двојица дрвосеча, старији Мосаку и Минокићи, младић од осамнаест година, који је био његов шегрт. Сваког дана су заједно одлазили у шуму на двадесетак километара од села. На путу за шуму треба прећи широку реку, на којој постоји скела. На месту на коме се налази скела, неколико пута подизан је мост, али би га бујица увек односила. Када би река порасла, обичан мост није могао да јој одоли.

Једне хладне вечери Мосаку и Минокићи су се враћали кући, кад их ухвати јака олуја. Стигоше до скеле, али видеше да је скелеџија отишао, оставивши скелу с друге стране реке. Није био дан за пливање, па се дрвосече склонише у скелеџијину колибу, срећни што су уопште нашли неко склониште. У колиби није било мангала нити огњишта, на коме би могла да се запали ватра. Била је врло мала и човек је у њој једва могао да се испружи. Имала је само једна врата и била без прозора.

Мосаку и Минокићи причврстише врата и легоше да се одморе, покривши се огртачима од сламе. У почетку им не беше много хладно и чинило им се да ће олуја брзо престати.

Старац заспа одмах, али младић, Минокићи, беше будан још дуго, слушајући страшан ветар и таласе снежне вејавице који су се разбијали о врата. Река је урлала, а колиба се повијала и шкрипала, као џунка на узбурканом мору. Олуја је била страшна и сваког часа

---

7) Област старог Јапана, која је обухватала данашње префектуре Токио, Саитама и Канагава.

постајало је све хладније, па је Минокићи дрхтао испод кишног огртача. Али најзад, и поред хладноће, и он заспа.

Пробудила га је киша снега који му је полетео у лице. Врата колибе беху изваљена и према одсјају снега он виде жену како стоји у колиби, жену сву у белом. Стајала је сагнута над Мосакуом и дувала у њега, а дах јој беше као светао бели дим. Скоро у истом тренутку, она се окрену Минокићију и стаде над њим. Он покуша да крикне, али осети да не може да пусти ни гласа. Бела жена се сагињала над њим, све више и више, све док јој лице скоро не дотаче његово и он виде, иако су га њене очи плашиле, да је била веома лепа.

Гледала га је извесно време, па се онда насмеши и прошапута: "Намеравала сам да и са тобом учиним исто што и са оним човеком, али не могу а да се не сажалим на тебе, јер си толико млад... Ти си леп момак Минокићи и нећу ти сада учнити ништа нажао. Али, ако икоме икада кажеш, чак и мајци, о ономе што си видео вечерас, ја ћу то сазнати и онда ћу те убити... Запамти шта сам ти рекла!"

Рекавши то, она се окрете и изађе из колибе. Минокићи осети да може да се миче, па скочи и погледа напоље, али жене није било, а снег је и даље бесно наваљивао кроз врата у колибу. Он затвори врата и учврсти их, подупрвши их са неколико цепаница. Помислио је да то мора да их је ветар силом отворио и да је све сањао. Мора да му је одсјај снега у вратима изгледао као фигура жене, али није у то био сасвим сигуран. Позва Мосакуа и уплаши се када старац не одговори. Он пружи руку у мраку и додирну Мосакуово лице - које беше слеђено.

Био је укочен и мртав.

У зору, олуја престаде и кад се скелеџија нешто после изласка сунца врати у колибу, нађе Минокићија како без свести лежи поред смрзнутог Мосакуовог тела. Брзо га пренеше кући и уз брижљиву негу он ускоро дође себи, али остаде дуго болестан због промрзлина које је добио те страшне ноћи. Он, такође, беше веома уплашен старчевом смрћу, али не рече ништа о појави жене у белом. Чим се опоравио, он се врати свом занимању, одлазећи сваког јутра сам у шуму и враћајући се у сумрак са товаром дрва, која је уз мајчину помоћ продавао.

У зиму следеће године, једне вечери док се враћао кући, он стиже девојку која хођаше истим путем. Била је то висока, витка девојка веома лепог изгледа, а на Минокићијев поздрав она одговори гласом милим за уво као птичија песма. Он пође упоредо са њом и почеше да разговарају. Девојка рече да јој је име Ојуки[8], да је изгубила оба родитеља и да иде у Едо, где има неке сиромашне рођаке који ће јој можда помоћи да се запосли као служавка.

Минокићи ускоро осети како га је ова чудна девојка очарала и да му, што је дуже гледа, изгледа све лепша. Он је запита да ли је већ заручена, а она му, смејући се, одговори да је слободна. Онда она запита Минокићија да ли је ожењен или верен, а он јој рече да, иако има само стару обудовелу мајку коју треба да издржава, питање "уважене снаје" још није било разматрано, јер је још врло млад.

---

8) Јуки на јапанском значи снег, тако да би Ојуки (у то време често име у Јапану) одговарало нашем имену Снежана. Савремена верзија тог имена је Јукико.

После тих поверавања ходали су дуго ћутећи, али, као што пословица каже: Ки га ареба, ме мо кући ходо ни моно о ју (Када је жеља ту и очи могу да говоре као уста). Ускоро стигоше до села и, пошто су се много свидели једно другом, Минокићи замоли Ојуки да се мало одмори у његовој кући. После стидљивог оклевања, она оде са њим, а његова мајка је лепо дочека и припреми јој топлу вечеру.

Ојуки се тако лепо понашала да се одмах свиде Минокићијевој мајци, која је убеди да одложи пут у Едо. И као природни наставак свега, Јуки не оде у Едо. Остала је у кући као "поштована снаја".

Ојуки се показа као добра невеста. Када је Минокићијева мајка била на самрти - неких пет година касније - њене последње речи беху изрази осећања и хвале за жену свога сина. Ојуки је Минокићију родила десеторо деце, дечака и девојчица, све лепу децу са веома фином белом кожом.

Сељаци су Ојуки сматрали дивном особом, различитом од њих самих. Већина сељачких жена рано остари, али Ојуки, чак и пошто је родила десеторо деце, изгледала је исто онако млада и свежа као на дан када је по први пут дошла у село.

Једне ноћи, када су деца отишла да спавају, Ојуки је шила уз светлост папирног фењера, а Минокићи, гледајући је, рече:

"Кад те гледам овако како овде шијеш, са тим светлом на лицу, почињем да мислим на чудну ствар која ми се догодила када сам био младић од осамнаест година. Тада сам видео жену исто тако лепу као што си ти сада - стварно, била је баш као ти".

Не дижући очи са свога рада, Ојуки му рече:

"Испричај ми о њој... Где си је видео". И Минокићи јој исприча о оној грозној ноћи у скелеџијиној колиби, о белој жени која је стајала над њим и шапутала о тихој Мосакуовој смрти. И он рече: "У сну или на јави, то беше једини пут да сам видео то биће, исто тако лепо као ти. Наравно, она није била људско биће и бојао сам је се, страшно бојао, а она беше тако бела! Заиста, никада нисам могао да проверим да ли то беше сан, или стварна снежна жена".

Ојуки баци ручни рад, устаде, поклони се пред Минокићијем, и крикну му у лице:

"То сам била ја! Ја, ја!... То је била Јуки! И рекла сам ти тада да ћу те убити, ако икада некоме кажеш и реч о томе!... Али, због оне деце што тамо спавају нећу те убити, иако бих желела да то урадим овог тренутка! И зато се добро, добро старај о њима, јер, ако икада буду имала разлога да се на тебе пожале, поступићу према теби онако како си заслужио!"

Док је викала, глас јој је постајао све тањи, као завијање ветра и она се истопи и претвори у светлу белу маглу, која се спирално подигла до кровних греда и нестала кроз бацу на крову... Никада је више нико није видео.

ПОНОВНИ САСТАНАК

У Кјоту[9] је живео млади самурај који је, после пропасти свог господара, пао у сиромаштво, па је морао да напусти кућу и ступи у службу гувернера једне удаљене области. Пре него што је отишао из престонице, самурај се развео од жене, веома добре и лепе особе, верујући да ће лакше добити унапређење уз неку повољнију везу. Он се ожени девојком из породице од извесног угледа и поведе је са собом.

То је било у време лакомислености младости и снажног доживљавања потреба, па самурај није могао да схвати колика је била вредност осећања његове жене коју је са таквом лакоћом одбацио. Његов други брак се није показао срећним. Друга жена беше себична и џангризава и он убрзо осети да сваку прилику користи да са кајањем мисли о времену проведеном у Кјоту.

Открио је да и даље воли прву жену, много више него што би икада могао да воли другу, а поче да схвата колико је био незахвалан и неправедан према њој. Постепено, његово се кајање претвори у грижу савести, која му није давала мира. Стално су га прогониле мисли о жени према којој је погрешио, мисли на њен нежни говор, осмехе, еленганцију, лепе поступке и безмерно стрпљење.

Понекад јy је у сновима видео како седи за разбојем, проводећи ноћи и дане ткајући и помажући му тако у дане њихових невоља. Још чешће јy је виђао како сама клечи у празној соби, где јy је оставио, и брише сузе искрзаним рукавом хаљине. Чак и у време када се

---

9) Кјото је био престоница Јапана од 794 до 1869. године.

налазио на дужности, мисли би му одлутале ка њој и он се питао како живи и шта ради она сада. Нешто у души говорило му је да она не би могла да се уда за другога и да никада не би одбила да му опрости. И он се потајно одлучи да је пронађе чим буде могао да се врати у Кјото, да је замоли за опроштај, узме натраг и учини све што човек може да би постигао окајање.

Али године су пролазиле. Најзад, гувернеров мандат је истекао и самурај беше слободан. "Сада се враћам својој вољеној", рече он себи. "Како је било сурово, како глупо развести се од ње!" Он посла другу жену натраг њеној породици (није му била родила ниједно дете)[10] и журећи у Кјото одмах пође да тражи своју бившу другарицу, не дозволивши себи ни да свуче путничке хаљине.

Када је дошао до улице у којој је раније живео, беше већ касно, ноћ десетог дана деветог месеца[11], и град беше тих као гробље. Сјајни месец обасјавао је све јасно и он пронађе кућу без тешкоћа. Изгледала је као напуштена. Густа маховина је прекривала кров. Покуцао је на врата, али нико не одговори. Пошто виде да врата нису замандаљена, он их помаче у страну и уђе. Соба у којој се нашао била је без асура на поду[12] и празна. Хладан ветар дувао је кроз пукотине између дасака на зидовима[13], а месец сјао кроз напуклину у токономи[14]. И остале собе

---

10) У древном Јапану чињеница да жена не роди била је довољна да је муж, после неког времена, врати родитељима.
11) Почетак јесени је, како су раније мислили Јапанци, погодно доба за појављивање духова и различитих утвара.
12) Недостатак асура од пиринчане сламе (татами) на поду јапанске куће, значи или крајњу беду, или да у кући нико не станује.
13) Јапанске куће се и дан данас углавном граде од дрвета.
14) Токонома је нека врста алкова, свечаног дела куће, врста кућног олтара у јапанским кућама.

беху у тако јадном стању, па кућа, по свему судећи, више није била настањена.

Упркос томе, самурај беше решен да оде до једне од соба на другом крају куће, врло мале собе, у којој је његова жена волела да борави. Када дође близу собе, изненађен и запрепашћен, примети одсјај неког светла кроз разапети папир на вратима. Он одгурну преграду у страну и узвикну радосно када ју је видео како шије при светлости лампе. У истом тренутку њене очи сретоше његове и она га, са срећним осмехом, само запита: "Када си се вратио у Кјото? Како си уопште стигао до мене кроз све ове мрачне собе?"

Године је нису измениле. И даље је била исто онако лепа и млада као у његовим најранијим успоменама, али много пријатније него било која успомена њему беше музика њенога гласа, устрепталог од задовољства које је изазвала његова изненадна појава.

Онда он, срећан, седе поред ње и исприча јој све: колико је дубоко жалио своју себичност, како је био тужан без ње, како се стално кајао зато што ју је напустио, колико је дуго мислио и надао се да све то исправи, и, док јој је то говорио, стално ју је миловао и небројено пута молио за опроштај.

А она му узврати слатком љупкошћу, преклињући га да прекине са таквим речима. Он није требало себи да дозволи да толико пати због ње. Она је одувек знала да није жена вредна њега. Знала је да се он растао од ње само због сиромаштва, да је, док је био са њом, увек био добар према њој и да она није престала да се моли за његову срећу. Па чак и кад би могло да се говори о поправљању нечега, овај његов повратак је довољан. Каква може да буде већа срећа него да га поново види, па макар то било и само за тренутак.

"Само за тренутак", насмеја се он, "кажи боље за време од седам постојања[15]." "Вољена моја, само ако ми ти не забраниш, ја се враћам да живим са тобом заувек, заувек, заувек! Ништа нас више неће раставити. Сада ја имам везе и пријатеље и не морамо да се плашимо сиромаштва. Моје ствари ће сутра стићи овамо и слуге ће доћи да брину о теби. Ову кућу ћемо поправити и дивно уредити... Вечерас", додаде он, "дошао сам овако касно чак се и не пресвукавши, само зато што сам чезнуо да те видим и да ти све ово кажем."

Она је изгледала веома обрадована овим речима. Испричала му је све о ономе што се догодило у Кјоту од његовог одласка, све осим о својој тузи, о којој је нежно одбила да говори. Разговарали су до дуго у ноћ, па га она одведе у једну загрејану собу, просторију која је некад давно била њихова младеначка соба. "Зар нема никога у овој кући да ти помаже", питао ју је док му је припремала лежај. "Не", рече она смејући се весело, "нисам себи могла да дозволим да имам слуге, па сам тако стално била сама". "Имаћеш много слугу од сутра", рече он, "добрих слугу и све друго што ти је потребно".

Легоше да се одморе, не да спавају, јер су још много имали да кажу једно другом и причали су о прошлости и будућности, све док се није забелела зора. Онда, упркос напорима да не заспи, самурај заклопи очи.

Када се пробудио, дневна светлост је снажно продирала кроз пукотине на прозорским капцима и он,

---

15) Вечито.

на своје велико чуђење, виде да лежи на голим даскама распалог пода... Да ли све оно не беше само сан? Не. Она је била поред њега и спавала... Он се наже над њом, погледа је и крикну, јер она није имала лице... Поред њега, замотан само у мртвачки покров, лежао је леш жене, леш толико распаднут да су од њега остале само кости и дуга расплетена црна коса. Он скочи, и поче да бежи као луд.

Док је стајао напољу на сунцу и дрхтао са осећајем мучнине, ледени ужас се лагано претвори у очајање, тако неиздржљиво, бол тако ужасан да се он ухвати за ругајућу сенку сумње у оно што се догодило те ноћи.

Претварајући се да не познаје тај део града, он поче да пита за пут до куће у коме је живела његова жена. "Нема никога у тој кући", рече упитана особа. "Припадала је раније жени једног самураја, који је отишао из града пре неколико година. Развео се од ње да би се оженио другом женом. Она је много патила и тако се разболела. Није имала родбине у Кјоту и нико није бринуо о њој, па је умрла исте године - десетог дана деветог месеца..."

ПРИЧА О БЕЗУХОМ ХОИЋИЈУ

Пре више од седам стотина година код Данноуре у теснацу Шимоносеки, одржана је последња битка као последица дугог спора Хеике, или клана Таира, и Генђи, или клана Минамото[16]. Ту су Хеике потпуно уништени, заједно са женама и децом и својим дететом - царем данас познатим као Антоку Тенноо. И то море и ту обалу, кроз седам стотина година, посећивали су духови... Исто тако, хтео бих да нешто кажем о чудним раковима нађеним на том месту, званим "ракови Хеике", који имају људска лица оцртана на леђима и за које се говори да су духови ратника клана Таира (Хеике). Има много чудних ствари на које се наилази тамо поред мора. У тамним ноћима хиљаде неземаљских ватри лебди изнад обале, или лете изнад таласа (бледа светлост коју рибари зову *они би*, или демонске ватре); и увек кад је ветар, чује се бука с мора, као одјек велике битке.

Раније су Хеике били много немирнији него што су сада. Појавили би се око бродова који пролазе ноћу, покушавајући да их потопе; и увек су тражили пливаче да их повуку за собом. Да би се умирили ови мртви, у Акамагасекију је изграђен будистички храм Амидађи. Подигнуто је и гробље близу обале и постављени споменици са именима свргнутог цара и његових вазала, а будистичке службе за њихове душе одржаване су редовно. Кад храм би подигнут и гробови означени, Хеике су се појављивали мање него раније, али су продужили да, с времена на време, чине чудне ствари, показујући тиме да нису нашли потпуни мир.

---

16) Поморска битка код Данноуре, између припадника два велика самурајска клана, у којој је одлучена судбина Јапана за дуги период времена, одиграла се 24. марта 1185. године. Ова прича писана је крајем 19. века, тако да писац каже: " Пре седам стотина година".

Пре неколико векова у Акамагасекију је живео слепац Хоићи, који је био познат по вештини рецитовања и свирке на биви. Од детињства, вежбао је да рецитује и пева и још као дечак запањивао је своје учитеље. Као професионални бивахооши[17] постао је чувен највише по свом рецитовању повести о клановима Хеике и Генђи, и кажу да, када је Хоићи говорио песму о бици код Данноуре, "чак ни духови нису могли да задрже сузе".

У почетку, Хоићи је био сиромашан, али нашао се човек који му је помогао. Свештеник Амидађија волео је поезију и музику и често је позивао Хоићија у храм да пева. Касније, дирнут дечаковом вештином, свештеник предложи Хоићију да пређе код њих и остане да живи у храму, што је Хоићи захвално прихватио. Добио је собу у згради храма и, у замену за храну и стан, требало је да пева свештеницима када не би био ангажован на другом месту.

Једне летње вечери свештеник је био позван да одржи будистичку службу у кући умрлог верника и он оде са помоћником, остављајући Хоићија самог у храму. Била је спарна ноћ и слепац изађе на веранду испред собе, покушавајући да се расхлади. Веранда је гледала на мало двориште у задњем делу Амидађија. Ту је Хоићи чекао на свештеников повратак, покушавајући да ублажи самоћу вежбањем на биви. Прође поноћ, а свештеник се не појави. Али ваздух је и даље био сувише топао да би било удобно у кући, па Хоићи остаде напољу. Најзад зачу кораке који су се приближавали од задње капије. Дошљак пређе преко дворишта, упути се према веранди и заустави баш пред њим, обративши му се одсечно и

---

17) Бивахооши је нека врста гуслара, човека који на биви, жичаном инструменту сличном лаути, свира и уз њу пева старе јапанске јуначке епове.

без церемонија, на начин на који се самураји обраћају нижима од себе: "Хоићи!"

Хоићи се за тренутак толико уплаши да није могао да одговори, а глас га поново грубо позва, као да му наређује:"Хоићи".

"Хаи[18]", одговори слепац, уплашен грозним гласом, "ја сам слеп, не знам ко зове".

"Не бој се", рече дошљак, проговоривши нешто блаже. "Одсео сам у близини овог храма и послат сам с поруком. Мој господар, особа врло високог положаја, налази се у Акамагасекију са много узвишених пратилаца. Хтео је да види место на коме се одиграла битка код Данноуре и данас га је посетио. Сазнавши о твојој вештини рецитовања песме о тој бици, жели да те чује. Зато узми биву и пођи одмах са мном у двор у коме те чека узвишени скуп".

У то време није било лако не покорити се заповести самураја. Хоићи назу сандале, узе биву и пође са дошљаком који га је вешто водио, ходајући веома брзо. Рука која га је држала била је челик, а звекет, док је корачао, показивао је да је човек под пуним оружјем - вероватно дворски стражар на дужности. Хоићија прође први страх. Сећајући се самурајевог уверавања о "особи врло високог положаја", помисли да је имао среће, јер тај племић који је желео да чује песму не би могао да буде ништа мање него *даимјо*[19] прве класе. Баш тада се самурај заустави и Хоићи схвати да су стигли пред неку велику капију. Чудио се, пошто није могао да се сети

---

18) Да, на јапанском.
19) Даимјо је јапански феудалац, па даимјо прве класе може да буде феудалац који поседује изузетно велики посед.

ни једног тако великог улаза у целом граду, сем главне капије Амидађија.

"Каимон[20]!" узвикну самурај, чу се звук скидања реза и они прођоше. Пређоше преко дворишта и зауставише се опет пред неким улазом. Самурај викну јаким гласом:"Ево, довео сам Хоићија!"

Чуше се звуци ужурбаних ногу, померања преградних зидова, отварања врата и женски гласови у разговору. По језику који су говориле, Хоићи је знао да су жене у служби неке отмене куће, али није могао да схвати на које је то место одведен.

Није му било остављено много времена за нагађања. Пошто су му помогли да се попне уз неколико степеника, рекоше му да изује сандале и женска рука га поведе кроз дуге ходнике са углачаним дрвеним подом, скрећући много пута, сувише да би се запамтило, и преко чудесно пространих финих асура, у средини неке велике просторије. Било је много људи: шуштање свиле звучало је као лишће на ветру у шуми. Чуло се и много гласова који су били пригушени, а начин говора био је као онај на двору.

Рекоше му да седне и он осети да је јастук за клечање[21] већ спреман. Кад се сместио на њему и подесио инструмент, глас жене, за коју је претпостављао да је роођо[22] обрати му се: "Сада се захтева да се говори "Прича о Хеике" уз пратњу биве."

---

20) Каимон значи "отвори капију". Реченица коју су самураји изговарали да би позвали стражу на господаревим вратима.
21) У формалним приликама Јапанци седе на поду, на посебним јастуцима, тако што клекну, савију ноге, па онда буквално седну на своја савијена стопала.
22) Роођо значи старија особа. Домаћица куће.

Пошто би рецитовање целог епа трајало више ноћи, Хоићи запита:

"Обзиром да цела прича не би била дуго завршена, који део је узвишена жеља да изговорим?"

Женски глас одговори: "Певај песму о бици код Данноуре, јер она је најдирљивија."

Хоићи пусти глас и запева песму о борби на бесном мору, производећи дивно на биви звуке удараца весала и јуриша бродова, фијук стрела, вику и топот корака, звук ломљења челика о шлемове, пад и смрт у води... А лево и десно од њега, кад би престајао да свира, чуо је гласове који задивљено шапућу: "Какав изврстан уметник!?!! Никад у нашем крају нисмо могли да чујемо овако нешто. У целој царевини нема певача као што је Хоићи."

У њега уђе нова снага и он певаше све боље и боље и изазиваше мук дивљења око себе. Али, кад на крају дође до казивања о злој судбини и беспомоћности жртава, о страшној смрти жена и деце и смртном скоку Нии но Аме са царем - дететом у наручју, тада сви слушаоци пустише дуги дуги језиви крик бола и плакаху и нарицаху тако гласно да се слепац уплаши силине туге коју је проузроковао. Плач и јецање се продужи. Али звуци оплакивања су лагано замирали и најзад, у муклој тишини која настаде, Хоићи чу глас жене за коју је претпостављао да је рођо. Она рече: "Иако смо били сигурни да си веома вешт свирач на биви и пре него што смо те чули, нисмо веровали да неко може да буде такав уметник као што си то вечерас показао. Наш господар је срећан што може да каже да ће ти подарити одговарајућу награду, али он жели да му свираш сваке ноћи следећих шест дана пре намераваног повратка. Сутра увече, зато, доћи ћеш у исто време. Службеник који те је вечерас довео, биће послат по тебе.

Постоји још нешто што ми је наређено да ти пренесем. Захтева се од тебе да никоме не кажеш о свом доласку овде, за све време за које ће наше Господство боравити у Акамагасекију. Пошто путује инкогнито, наређује ти да ништа о овоме ником не помињеш... Сада можеш да се вратиш у храм."

Пошто Хоићи достојно изрече своју захвалност, женска рука га поведе до излаза, где је самурај који га је довео чекао да га одведе кући. Он га доведе до веранде у задњем делу храма и онда се опрости.

Била је скоро зора када се Хоићи вратио, али његово одсуство не би примећено, пошто је свештеник, вративши се врло касно, претпостављао да овај спава. У току дана Хоићи могаде да се одмори и никоме не рече о свом чудном доживљају.

Срединoм следеће ноћи самурај поново дође по њега и одведе га до узвишеног скупа, где је певао са истим успехом као и првог пута. Али, током друге посете, његово одсуство би случајно откривено. Ујутру, после повратка, позва га свештеник и рече тоном благог прекора:

"Били смо веома забринути за тебе, пријатељу Хоићи. Опасно је ићи сам тако касно. Зашто си ишао, а да нам се не јавиш? Могао сам да наредим слуги да те прати... И... где си био?..."

Хоићи избеже директан одговор: "Опрости ми љубазни пријатељу. Требало је да завршим нека приватна посла и то нисам могао да урадим ни у једно друго време."

Свештеник беше више изненађен него погођен Хоићијевом уздржаношћу. Осети нешто неприродно и посумња да је младића зачарао или завео неки зли дух. Није више ништа питао, али потајно нареди послузи из храма да пазе на Хоићијево кретање и прате га ако опет оде негде по мраку.

Одмах следеће ноћи Хоићија су видели како излази из храма, па слуге упалише фењере и пођоше за њим. Била је кишна ноћ и врло мрачно, па, док су слуге дошле до пута, Хоићи нестаде. Било је очигледно да је ходао сувише брзо, чудна ствар обзиром на његово слепило, јер је пут био у врло лошем стању. Слуге су јуриле улицама, распитујући се у свакој кући коју је Хоићи имао обичај да посећује, али нико није знао да им било шта каже о њему. Најзад, враћајући се у храм поред морске обале, уплаши их звук биве који је неко страсно свирао на гробљу Амидаџија. Осим неких неземаљских ватри, које су се обично појављивале у мрачним ноћима, није се ништа видело у том правцу. Слуге пожурише према гробљу и тамо, уз помоћ фењера, видеше Хоићија како седи на спомен гробу Антоку Тенноа, свира у биву и пева песму о бици код Данноуре. А свугде иза и око њега, и свугде изнад гробова, као свеће, гореле су ватре мртвих. Никада се толики скуп они би раније није указао смртнику...

"Хоићи сан, Хоићи сан!" повикаше, "ти си зачаран! Хоићи сан!"

Није изгледало да слепац ишта чује. Марљиво је ударао и звонио својом бивом, певајући дивље песму о бици код Данноуре. Ухватише га за руке, викаше му на уво: "Хоићи сан, Хоићи сан, хајде одмах с нама кући!"

"Узнемирити ме на такав начин, пред овим узвишеним скупом, то је неопростиво", прекорно им рече слепац.

На ово, и поред језивости тренутка, слуге не могоше да се не насмеју. Сигурни да је зачаран, ухватише га и подигоше на ноге и онда, углавном силом, вратише га у храм. Тамо га брзо ослободише мокре одеће, пресвукоше и, по наређењу свештеника, дадоше му да једе и пије. Онда свештеник рече да захтева потпуно објашњење чудног понашања свога пријатеља.

Хоићи је дуго одбијао да говори, али, када је најзад схватио да је његов поступак стварно узнемирио и наљутио свештеника, одлучи да се остави ћутања и исприча све што му се догодило од времена када је самурај дошао први пут.

Свештеник рече: "Хоићи, јадни мој пријатељу, сада си у великој опасности. Каква несрећа да ми раније ниси све рекао. Твоја велика вештина у свирању те је стварно довела у неприлику. Прво мораш да будеш свестан да ниси одлазио ни у какву кућу, него си проводио ноћи на гробљу, на гробовима Хеике - и то испред спомен-гроба Антоку Теннoа, где су те наши људи нашли ноћас како седиш на киши. Сем позива мртвих, све то што си замишљао била је илузија. Кад их једанпут послушаш, падаш у њихове руке. Ако одеш тамо још једном, после свега што се десило, они ће те раскомадати. У сваком случају, намеравали су да те убију раније или касније...

Вечерас нећу моћи да останем с тобом, јер су ме позвали да одржим службу на другом месту, али, пре него што кренем, заштитићу ти тело тако што ћу исписати свете текстове по њему."

Пре заласка сунца свештеник и његов помоћник свукоше Хоићија и четкицама по грудима и леђима, глави, лицу, врату, удовима, рукама, ногама, чак и табанима, по свим деловима тела, исписаше текст свете сутре зване Ханња Шин Кјо[23]. Када то би урађено, свештеник поучи Хоићија: "Вечерас, чим одем, мораш да седнеш сам на веранду и чекаш. Зваће те, али, ма шта се десило, не одговарај нити се мичи. Ћути и седи мирно, као при медитацији. Ако се помериш или макар шушнеш, бићеш располовљен. Немој да се плашиш и немој да помишљаш да зовеш у помоћ, зато што нико и ништа не може да те спасе. Ако све урадиш како сам ти рекао, опасност ће проћи и више нећеш морати да се плашиш."

Кад мрак паде, свештеник и његов помоћник одоше, а Хоићи изађе на веранду, како му је наређено. Спустио је биву на под поред себе и, заузевши став за медитацију, потпуно се умири. Трудио се да се не закашље, нити да гласно дише и тако остаде сатима.

Онда чу кораке напољу. Прођоше капију, пређоше двориште, приђоше веранди и зауставише се тачно испред њега.

"Хоићи", позва дубоки глас, а слепи младић заустави дисање и остаде да седи непокретан. "Хоићи!", позва га страшни глас и по други пут, а онда, трећи пут, чак дивље: "Хоићи!"

---

23) Мања "Прагна Парамита Хридаја Сутра" се тако каже на јапанском. Реч је о једној од најпознатијих будистичких сутри (светих текстова), коју називају и "Сутра срца". Садржај сутре је "Доктрина о празнини форме": "Облик је празнина; и празнина је облик. Празнина се не разликује од облика, облик се не разликује од празнине. Оно што је празнина, то је облик... Опажање, именовање, суштина и знање, су исто празнина... Не постоји око, уво, језик, тело ни ум. Али, када се уништи оквир свести, онда је он (човек) ослобођен страха и богатством промене достиже крајњу нирвану."

Хоићи остаде миран као стена, а глас прогунђа: "Нема одговора. То не иде, треба видети где је тај момак". Све зашкрипа кад се тешка стопала успеше на веранду. Онда, кроз дуге минуте, док је Хоићи осећао како му се тело тресе у ритму лупања срца, би мртва тишина. Најзад, груби глас загунђа сасвим поред њега: "Овде је бива, али од свирача могу да видим само два увета!... То објашњава зашто ми не одговара. Он нема уста, сем ушију није ништа остало од њега... Однећу уши господару, као доказ да сам извршио његово наређење колико је било могуће..."

У том тренутку, Хоићи осети како су челични прсти ухватили његове уши и откинули их! Иако је бол био огроман, он не пусти ни гласа. Чуше се звуци стопала која силазе са веранде, прелазе у двориште, излазе на пут и нестају. Слепи младић осети како му са обе стране главе истиче нешто густо, али се не усуди чак ни да подигне руке.

Свештеник се врати пре зоре. Он пожури на веранду иза храма и ступајући на њу оклизну се у лепљивој течности, крикнувши ужаснуто, јер је, под светлошћу фењера, видео да је то крв. Онда угледа Хоићија, како седи у ставу за медитацију док је крв још текла из његових рана.

"Јадни мој Хоићи", узвикну уплашено свештеник, "шта је то, повређен си!"

На звук пријатељевих речи, Хоићи се осети у сигурности и заплака. Онда, кроз сузе, исприча догађаје од те ноћи.

"Јадни, јадни Хоићи", говорио је свештеник, све је

моја грешка, моја ужасна грешка!...” Свугде по твом телу исписани су свети текстови, свугде сем ушију. Имао сам поверења у помоћника и било је погрешно што нисам све после проверио! Али ту нема помоћи. Можемо само да покушамо да зацелимо твоје ране што пре... Радуј се пријатељу, опасност је прошла. Такви посетиоци те више неће узнемиравати.”

Негом доброг лекара, Хоићи се брзо опорави од рана. Прича о његовим чудним доживљајима се рашири и он постаде славан. Много угледних личности дођоше у Акамагасеки да чују његово певање. Он доби много поклона и новца и убрзо постаде имућан човек... А, од тог времена, звали су га само Миминаши Хоићи или Безухи Хоићи.

МУЂИНА

На путу кроз Акасаку[24], у Токију, постоји падина названа Кии но кунизака, што значи: падина према провинцији Кии. Не знам зашто је тако зову. На једној страни те падине може да се види стари шанац испуњен водом, дубок и веома широк, са високим зеленим обалама које се уздижу до места на коме су баште, а на другој страни до улице, са чије су супротне стране дуги и високи зидови царске палате. Пре доба уличних светиљки и рикши, овај крај би опустео чим падне мрак, па би одоцнели пролазници ишли километрима около ван свога пута, само да не прођу падином Кии но кунизака после заласка сунца. Све због муђине која је волела да се шета онуда.

Последњи човек који је видео муђину био је један стари трговац из кварта Кјобаши, који је умро пре тридесетак година. Ево те приче онако како ју је он испричао:

Једне ноћи, у касне сате, журио је уз падину Кии но кунизака, када угледа жену како потпуно сама чучи поред шанца и горко плаче. Уплашивши се да жена намерава да скочи у воду и удави се, он се заустави да јој понуди помоћ и утеху која би била у његовој моћи. Показа се да је то била крхка и љупка особа, лепо обучена, а коса јој је била очешљана као у младих девојака из добрих породица.

"О ђођу[25]" рече он приближивши јој се, "О ђођу, не плачите тако!... Кажите ми каква је Ваша невоља и, ако

---

24) Акасака је један од најпознатијих токијских квартова.
25) "О ђођу" је израз на старом јапанском, који значи "госпођице".

постоји било какав начин да Вам се помогне, бићу срећан да то урадим." (Он је стварно мислио оно што је рекао, јер је био веома добар човек). Али она настави да плаче, кријући лице од њега једним од својих дугих рукава[26].

"О ђођу", рече он поново, што је могао нежније, "молим Вас, молим Вас слушајте ме"... Ово није место за једну младу даму ноћу. Не плачите, преклињем Вас! Само ми реците како бих Вам био од неке помоћи!" Она лагано устаде, али леђа окренутих према њему и настави да јеца сакривена иза рукава. Он полако стави руку на њено раме и зваше је: "О ђођу! О ђођу! О ђођу! Саслушајте ме само један мали тренутак!... О ђођу! О ђођу!..."

Тада се она окрете, пусти рукав да падне и показа руком своје лице. И човек виде да она нема ни очију, ни носа ни устију. Он крикну и побеже.

Трчао је уз падину Кии но кунизака и трчао и трчао и све беше црно и празно пред њим. Најзад угледа лампу, толико далеко да је изгледала као одсјај неког пламена, али ипак успе да стигне до ње. Показало се да је то био само фењер једног путујућег продавца собе [27], који је тезгу био поставио поред пута. Али свако светло и било које људско друштво беше добро после онаквог доживљаја и он паде на колена пред продавцем собе, стењући: "Аа! аа! аа!"

"Коре, коре[28]" грубо рече продавац. "Шта је са тобом? Је ли те неко повредио?"

"Не, нико ме није ранио" дахтао је овај, "само, аа, аа."

---

26) Дуги рукави на кимону значе да се ради о веома младој девојци. Што је жена у Јапану била старија, рукави кимона би јој били све краћи.

27) Соба (о соба) је популарно јело од пшеничних или хељдиних резанаца.

28) "Коре, коре", значи отприлике, "хајде, хајде".

"Само те је уплашио?", чудио се трговчић ругајући се. "Разбојници?"

"Нису разбојници, нису разбојници", тешко је дисао уплашени човек... "Видео сам... видео сам жену поред канала и показала ми је... Аа! Не могу да ти кажем шта ми је показала!"

"Хее, то што ти је показала, да није отприлике било као ОВО?", рече трговац и додирну руком лице, које одједном постаде обло и глатко као јаје... И светла у том тренутку нестаде.

ПРИЧА О КВАШИНУ КОЂИЈУ

У ери Теншјо[29] у северном делу Кјота живео је човек кога су звали Квашин Кођи. Имао је дугу белу браду и увек био обучен као шинтоисточни свештеник[30], мада је уствари живео од излагања будистичких слика и проповедања будистичког учења. Увек када је било лепо време одлазио је у храм Гион и тамо на неко од стабала качио велики какемоно[31] на коме су биле приказане казне за различите грехове. Тај какемоно је био толико лепо насликан, да су све ствари приказане на њему изгледале стварне. Старац би народу, који се окупљао да га види, говорио и објашњавао Закон узрока и последица, показујући будистичком палицом (њои), коју је стално носио са собом, сваки детаљ различитих мучења у Паклу и позивајући све присутне да следе Будино учење. Гомиле људи окупљале су се да виде слику и чују старчеве проповеди и понекад би чанак за сакупљање прилога, који је стајао испред њега, био препун убачених новчића.

У то време Нобунага Ода[32] владаше Кјотом и околним покрајинама. Деси се да један од његових дворјана по имену Аракава виде изложене слике и исприча о томе на двору. Нобунага се заинтересова кад чу Аракавину причу и нареди да Квашин Кођи одмах дође у палату и донесе слику.

---

29) Ера Теншјо (1573 – 1592) је једна од краћих јапанских ера, пред крај дугог периода грађанских ратова у Јапану.
30) Јапанци су привржени својој старој многобожачкој вери шинто, али и будизму, који су после 5. века примили из Кине и Кореје.
31) Какемоно је свитак папира, на коме су исписани калиграфски знаци, или је на њему насликана слика. Поставља се на зид вертикално.
32) Нобунага Ода (1534 – 1582) је јапански феудалац, изванредни војсковођа, који је после неколико војничких успеха, преузео власт у периоду грађанских ратова и једно време владао Јапаном. Једна је од три најзначајније личности Средњег века у Јапану.

Кад Нобунага виде какемоно, није могао да сакрије изненађење, видевши колика је животност дела. Демони и мучене душе били су живи пред његовим очима и он чу плач који долази са слике. Крв је изгледала као да стварно тече, тако да није могао да се уздржи да не додирне слику и увери се да није влажна. Али, прст се не овлажи јер папир беше савршено сув. Запањен све више и више, Нобунага запита ко је насликао слику. Квашин Коћи одговори да ју је насликао чувени Сотан Огури[33], који је претходно обавио обред самопрочишћења свакодневно током сто дана, чинивши свакојака одрицања и искрено се моливши богињи Кванон, светој заштитници храма Кјомизу[34], да га надахне.

Приметивши очигледну Нобунагину жељу да поседује какемоно, Аракава запита Квашин Коћија да ли би био вољан да га понуди као поклон Великом господару. Али, старац хладно одговори: "Ова слика је једина вредна ствар коју имам и показујући је народу успевам да зарадим нешто новца. Ако сада Господару поклоним ту слику, одузећу себи једини начин на који успевам да се издржавам. Али, ако Господар толико жели слику, нека ми за њу плати суму од сто рјоа у злату. Са тим новцем ћу моћи да отпочнем неки уносан посао. У супротном, бићу приморан да одбијем да уступим слику."

Нобунага није изгледао задовољан таквим одговором и не рече ништа. Аракава шапну Господару нешто на уво, овај потврдно климну главом и Квашин Коћи би отпуштен уз мали поклон у новцу. Али, када

---

[33] Сотан Огури је чувени сликар из 15. века, познат по живости призора које је исликавао. Једно време био је званични шогунов сликар.
[34] Кјомизу је један од најпознатијих будистичких храмова у Кјоту. Богиња Кванон (Канон) је једно од најважнијих будистичких божанства.

старац изађе из палате, Аракава пође неприметно за њим, надајући се да ће наћи начина да на превару добије слику. И прилика се указа, јер Квашин Кођи пође путем који је водио право у планине око града. Када дође до једног усамљеног места где је пут нагло завијао, Аракава га зграби говорећи: "Зашто си био тако лаком да тражиш сто златних рјоа за ту слику? Уместо рјоа од злата даћу ти један комад челика дугачак сто двадесет сантиметара[35]!" Аракава извади мач, уби старца и узе слику.

Сутрадан, Аракава предаде какемоно и даље увијен, онако како је старац то учинио пре него што је изашао из двора, а Нобунага Ода нареди да се слика развије. Али, када је одвише, Нобунага и његови дворјани беху запрепашћени, видевши да слике уопште нема - хартија је била само бела површина. Аракава није умео да објасни како је слика нестала и, пошто свесно или несвесно беше крив за превару господара, би одлучено да буде кажњен. Одређено је да буде затворен.

Тек што је Аракави казна истекла, стиже вест да Квашин Кођи приказује слику у близини храма Китано. Аракава није могао да верује својим ушима, али му та вест даде несигурну наду да би можда могао, на овај или онај начин, да отме какемоно и тако исправи учињену грешку. Зато брзо сакупи своје пратиоце и одјури у храм, али, када је тамо стигао, Квашина Кођија већ није било.

Неколико дана касније јавише Аракави да Квашин Кођи излаже слику у храму Кјомизу и проповеда гомили људи. Аракава пожури у Кјомизу, али стиже да види само како се гомила разилази, а Квашин Кођи беше поново нестао. Најзад, једног дана, Аракава изненада угледа

---

35) Велики самурајски мач је дужине 120 сантиметара.

Квашина Кођија у једној крчми и зграби га. Нашавши се у његовим рукама, старац се само мирно смејао и рече: "Поћи ћу са тобом, али молим те причекај да попијем још мало сакеа[36] пре тога." Аракава се не успротиви, па Квашин Кођи, на задовољство присутних, испи дванаест боца сакеа. Попивши последњу, он изјави да је задовољан, па Аракава нареди да га увежу конопцима и одведу у Нобунагину резиденцију.

Квашин Кођи би одмах изведен пред главног судију дворског суда који га оштро укори. На крају судија рече: "Очигледно је да си обмањивао људе мађијама и само за тај прекршај заслужујеш да будеш строго кажњен. Али, ако сада покорно понудиш слику господару Нобунаги, ми ћемо ти прогледати кроз прсте. У супротном, досудићемо ти веома тешку казну."

На ту претњу Квашин Кођи се засмеја као луд и узвикну: "Нисам ја обмањивао народ", па, окренувши се Аракави, викну: "Ти си варалица! Ти си хтео да се додвориш Господару дајући му слику и покушао си да ме убијеш да би могао да је украдеш. Ако постоји нешто што је злочин, онда је то злочин! Пошто је срећа тако хтела, ниси ме убио, али, да си успео, као што си желео, какав би изговор нашао да оправдаш своје дело?

У сваком случају, украо си слику, јер ова која је код мене је само имитација. Када си украо слику, предомислио си се и уместо да је даш Господару Нобунаги, сетио си се да би је могао задржати за себе. Зато си Господару дао празан какемоно, да би прикрио своје недело и направио се као да сам ја заменио слику, стављајући празан кекемоно уместо правог. Где је права слика? Ја не знам, али ти вероватно знаш!"

---

36) Саке је алкохолно пиће од пиринча, слично нашој благој ракији, или вину.

На те речи, Аракава се толико разљути да појури на затвореника и посекао би га да га није спречила стража. И тај изненадни налет гнева наведе судију да посумња да Аракава није баш сасвим невин. Он одреди да се Квашин Кођи одведе у затвор и онда настави да детаљно испитује Аракаву. Аракава је по својој природи био спор у говору и том приликом, пошто је био веома узбуђен, скоро уопше није могао да говори. Муцао је и падао у контрадикције и показивао све знаке кривца. Тада судија нареди да Аракаву бију штапом, све док не каже истину. И тако су га тукли бамбусовим штапом, све док престаде да било шта осећа и остаде да лежи као мртав.

У затвору су Квашин Кођију рекли шта је било са Аракавом, а овај се смејао. Али после извесног времена, он рече кључару: "Слушај, тај момак Аракава се стварно понео као хуља и ја сам намерно удесио да га казне да бих исправио његове лоше особине. Али, сада кажи судији да Аракава није знао истину и да ћу ја да објасним читаву ствар."

Тада Квашина Кођија одведоше поново код судије, коме овај изјави следеће: "У свакој правој слици велике вредности мора да постоји дух, па пошто слика има своју вољу, може да одбије да буде одвојена од особе која јој је дала живот, или макар од свог правог власника. Има много предања које доказују да слике имају дух. Познато је да су неки врапци, које је на помичном зиду насликао Јеншин Хонген, одлетели остављајући празно место на коме су били насликани. Такође се зна да је коњ насликан на једном кекемону одлазио ноћу да пасе на ливади. У овом случају, пошто господар Нобунага није никада постао првоснажни власник мог кекемона, слика је сама нестала са папира када су је одвили пред њим.

Ако ми платите онолико колико сам раније захтевао - сто златних рјоа - мислим да ће се слика, сама по себи, поново појавити на празном папиру. У сваком случају, хајде да покушамо. Нема никаквог ризика, пошто ћу, ако се слика не појави, одмах вратити новац."

Чувши за ову чудновату одбрану, Нобунага нареди да се старцу исплати сто рјоа и дође лично да види резултат. Одвише слику пред њим и, на дивљење присутних, слика се, са свим детаљима, поново појави. Али, боје су изгледале мало избледеле и слике духова и демона нису биле више живе као пре. Запазивши то, Господар нареди Квашин Кођију да објасни ову појаву, а овај одговори: "Слика коју си први пут видео била је од непроцењиве вредности. Али вредност слике коју имаш пред собом представља тачно оно што си платио - сто рјоа у злату... Како би другачије могло да буде."

Чувши одговор, сви присутни осетише да би било узалудно да се даље противе старцу, па га одмах пустише на слободу. После казне којом је окајао грешку коју није починио, би такође ослобођен и Аракава.

Аракава је имао млађег брата Буићија, такође у Нобунагиној служби. Буићи је био бесан зато што су Аракаву истукли и затворили, и одлучи да убије Квашина Кођија. Чим се поново нашао на слободи, Квашин Кођи је одмах отишао у крчму и наручио саке. Буићи одјури за њим у крчму, уби га и одсече му главу. Узевши сто рјоа које је старац добио, Буићи зави главу и злато у мараму и одјури кући да их покаже Аракави. Али када одви мараму, нађе само празну тикву за саке и грумење блата уместо злата... А запрепашћење два брата беше још веће када чуше да је обезглављено тело нестало из крчме, нико није знао како, ни где.

Месец дана после тога ништа се није чуло о Квашину Кођију, док једне вечери не нађоше неког пијанца како спава на улазу у двор господара Нобунаге и хрче тако гласно, као грмљавина грома у даљини. Стражар у пијанцу познаде Квашин Кођија. За такву дрскост старца одмах зграбише и бацише у затвор, али он се није ни пробудио. Наставио је да спава и у затвору читавих десет дана и десет ноћи, без прекида, хрчући све време толико, да је могло да се чује надалеко.

У то време господара Нобунагу стиже смрт издајством једног од његових војсковођа, Мицухидеа Акећија[37], који онда преузе власт. Али Мицухидеова владавина трајала је само дванаест дана.

Када Мицухиде постаде господар Кјотоа, рекоше му о Квашин Кођију и он нареди да му га доведу. Затвореника изведоше пред новог Господара, а овај разговараше љубазно са њим, понашаше се према њему као према госту и нареди да му се послужи добра вечера. Када је старац завршио са јелом, Мицухиде му рече: "Чуо сам да волиш саке. Колико можеш да попијеш одједном?" Квашин Кођи одговори: "Стварно не знам. Престајем да пијем тек кад осетим да ме опије."

Онда Господар постави огромну шољу за саке пред Квашина Кођија и рече слузи да је пуни све док старац буде желео. Квашин Кођи је празнио посуду десет пута узастопце и када је затражио још, слуга одговори да је

---

37) Мицухиде Акећи (1528 – 1582) је био вазал Нобунаге Оде, али је, љут на свог господара због тога што је посредно био крив за смрт његове мајке, подигао побуну и владао веома кратко време, само тринаест дана. Нобунагу, који је извршио харакири, је осветио други његов вазал Хидејоши Тојотоми, који је убио Мицухидеа и онда наставио да Јапаном влада као регент. У Јапану постоји пословица за ствари које су несталне и кратко трају, која гласи: " Акећијева владавина траје само три дана".

суд празан. Сви присутни беху запрепашћени таквом издржљивошћу, а Господар запита Квашин Кођија: "Зар вам ово није довољно, учитељу?" "Па јесте", одговори Квашин Кођи, "отприлике сам утолио жеђ, па ћу вам сада, у замену за вашу љубазност, показати нешто своје вештине."

Он показа на осмоделни застор, на коме је било насликано осам дивних погледа на језеро Оми. На једном делу застора, уметник је у даљини на језеру приказао човека како весла у чамцу. На слици чамац није био дужи од неколико сантиметара. Квашин Кођи махну руком у правцу чамца и сви видеше како се чамац изненада окрену и поче да се креће према средини слике. Приближавао се и растао све више и више и у једном тренутку фигура веслача могла је да се види сасвим јасно. Чамац се и даље приближавао, постајући све већи, док не дође сасвим близу. Онда, изненада, вода језера се прели са слике у собу и поплави је, а посматрачи журно задигоше хаљине, док се вода пењала све до изнад њихових колена. У истом тренутку чамац испливи из слике, прави рибарски чамац, и могла је да се чује шкрипа весала. Вода у соби је и даље расла, док посматрачи не остадоше у води до појаса. Онда чамац дође до Квашин Кођија, овај уђе у њега, а веслач окрену и поче да весла, врло лагано, натраг. И, како се чамац удаљавао, вода поче да се спушта и изгледало је као да отиче у слику.

Кад чамац прође кроз задњи део слике, соба већ поново беше сува, а насликани чамац је и даље наставио да плови преко насликане воде, постајући све мањи и мањи, све док није постао тачка у даљини. Онда потпуно нестаде и Квашин Кођи са њим. Никада га нису више видели у Јапану.

АКИНОСУКЕОВ САН

У области званој Тоићи у провинцији Јамато, живео је некад *гоши*[38] који се звао Акиносуке Мијата. У Акиносукеовом врту било је старо кедрово дрво испод кога се одмарао у спарне дане. Једног врућег поподнева седео је са два пријатеља гошија испод дрвета, разговарајући и пијући саке, када се изненада осети поспаним, толико поспаним да замоли пријатеље да му опросте што ће мало одремати у њиховом присуству. Он леже у подножју дрвета и сањаше овај сан:

Изгледало му је као да, док је лежао, гледа поворку (која изгледаше као свита неког властелина на путу), како силази за оближњег брда, па устаде да би је боље видео. Беше то огромна поворка, много величанственија од ичега што је до тада видео и кретала се према његовој кући.

У предњем делу поворке он опази неколико богато одевених младића који су носили велику лакирану дворску носиљку, или *гошјо гурума*, обложену светлоплавом свилом. Када поворка дође до близу куће, заустави се и богато одевен човек - очигледно особа високог ранга - одвоји се од групе, приближи Акиносукеу, поклони се дубоко и рече: "Поштовани господару, испред себе видите вазала Кокуоа од Токојоа[39]. Краљ, мој господар, наређује ми да Вас поздравим у његово узвишено име и да Вам се у потпуности ставим на

---

38) Гоши је нека врста самураја ниже класе, сељака који је постао самурај, или самураја који је, због недовољних прихода од службе великашу, почео да се бави и земљорадњом. Они често живе на селу, а у дворац или на феудално имање одлазе по потреби.

39) Кокуо значи владар, а Токојо је имагинарна земља из Акиносукеовог сна.

располагање. Он ми, такође, налаже да Вас обавестим да жели Ваше присуство у двору. Зато будите тако добри да одмах уђете у ову носиљку, коју шаље за Вашу употребу".

Чувши ове речи, Акиносуке пожеле да нађе прикладан одговор, али је био толико изненађен и узбуђен, да није могао да говори. У истом тренутку та жеља као да ишчиле из њега, тако да могаше да уради само оно што је великодостојник тражио од њега. Он уђе у носиљку, великодостојник седе поред њега и даде знак. Носачи ухватише свилене конопце, окретоше носиљку према југу и путовање поче.

На Акиносукеово чуђење, носиљка се убрзо заустави испред огромне двокрилне капије у кинеском стилу, какву никада не беше видео. Великодостојник сиђе и рече: "Идем да најавим Ваш узвишени долазак", па нестаде. После мало чекања, Акиносуке виде два човека племенитог изгледа, обучена у хаљине од пурпурне свиле са високим капама чији је облик наговештавао веома високи ранг, како изађоше кроз двери. Пошто га са поштовањем поздравише, они му помогоше да сиђе са носиљке и проведоше га кроз капију, па, преко огромног врта, до улаза у палату чији се зидови пружаху на километре према истоку и западу. Акиносукеа онда уведоше у собу огромне величине и великог сјаја. Његови пратиоци га поведоше до почасног места и с поштовањем седоше на пристојној удаљености, а слушкиње у церемонијалној одећи унеше послужење.

Када се Акиносуке освежи, два у љубичасто обучена дворанина поклонише се дубоко пред њим и говорећи, како то захтева дворска етикеција, део по део реченице наизменично, обратише му се следећим речима: "Наша дужност је да Вас обавестимо... о разлогу због кога сте позвани овде... Наш господар, Краљ, изразио је узвишену жељу да постанете његов зет... и његова је воља и наређење да се ожените одмах још овога дана... племенитом принцезом, његовом ћерком... Одвешћемо Вас до собе за пријеме... где Његова узвишеност чека да Вас прими... Али неопходно би било да Вас оденемо... у пригодну церемонијалну одећу[40]."

Изговоривши ово, дворани заједно устадоше и одоше до алкова, где се налазила комода од златом украшеног лакираног дрвета. Отворише је и из ње извадише разне хаљине, појасеве од богатог материјала и краљевску капу *камури*. У то обукоше Акиносукеа, како доликује принчевском младожењи. Тада га одведоше до собе за пријеме, где виде Кокуоа од Токојоа како седи на престолу са високом црном државничком капом на глави, обучен у хаљине од жуте свиле. Испред престола, лево и десно, седело је, поређано по рангу, мноштво великодостојника, сви непокретни и сликовити као фреске у храмовима. Прошавши између њих, Акиносуке поздрави краља трима уобичајеним дубоким поклонима, а краљ му на поздрав одговори речима пуним милоште, па онда рече: "Већ си обавештен о разлогу због кога си доведен у Нашу присутност. Одлучили смо да постанеш Наш зет и муж Наше кћери јединице, а свадбена церемонија биће изведена одмах.[41] "

---

40) Последњу реченицу два дворанина изговарају у исто време (заједно). Сви детаљи ове церемоније могу и даље да се виде у јапанском позоришту.
41) Краљ у оригиналу употребљава термин "усвојени муж", што је позната институција у Јапану. Обичај је да младић из сиромашне породице, када се жени девојком чији родитељи немају синова, узме презиме своје невесте, уствари презиме породице у коју ступа, и тако постане "усвојени муж". То је учинио и Лафкадио Херн, који је, када се венчао са Јапанком Сецу Коизуми, узео њено презиме, себи дао јапанско име Јакумо, а заједно са тиме одобрено му је и јапанско држављанство. Пракса је и дан данас да се приликом добијања јапанског

Кад краљ заврши са говором, чуше се звуци веселе музике и дуга поворка дворских дама изађе иза застора, да Акиносукеа одведе у собу у којој га је чекала невеста.

Просторија беше огромна, али је једва могла да прими мноштво званица окупљених да присуствују венчању. Сви се поклонише пред Акиносукеом, када овај клече и заузе своје место према принцези на јастучету припремљеном за њега. Невеста беше као неко божанско биће, а њене хаљине као летње небо. И венчање би обављено уз велико славље.

После одведоше млади пар у низ соба које беху спремне за њих у другом делу палате. Тамо примише честитања многих угледних особа и небројене венчане поклоне.

После извеног времена, Акиносуке би поново позван у престону дворану. Том приликом он би примљен чак и са много више наклоности него први пут и краљ му рече: "У југозападном делу Наше државе налази се острво названо Раишју. Наименовали смо те за гувернера тог острва. Видећеш да је народ лојалан и покоран, али њихови закони још нису сасвим усклађени са законима Токојоа, а њихови обичаји још нису сасвим уређени. Поверавамо ти ту дужност, са задатком да што је могуће више побољшаш услове у којима живе становници и желимо да њима владаш са љубазношћу и мудрошћу. Све припреме за твој пут на Раишју су већ учињене."

Тако Акиносуке и његова невеста кретоше из палате Токојоа праћени до обале великим бројем племића и

држављанства (што иначе није тако лако остварити) узме јапанско име и презиме.

службеника и укрцаше се на дворски брод, који им је дао краљ. Уз повољне ветрове они сигурно отпловише на Раишју, нашавши добре острвљане окупљене на обали да им зажеле добродошлицу.

Акиносуке одмах уђе у своје дужности, које се не показаше тешким. Током прве три године управе он би углавном заокупљен писањем и увођењем закона и имаше мудре саветнике да му у томе помогну, па му се рад никада не учини непријатним. Када све беше готово, он не имаше неких посебних дужности, осим присуствовања церемонијама и обредима које су предвиђали древни обичаји.

Земља је била толико здрава и плодна, да за болести и немаштину нису знали, а народ био толико добар да закони нису били кршени. Тако Акиносуке живеше и владаше у Раишјуу више од двадесет година, навршивши најзад двадесет три године боравка, током кога сенка жалости никада не пређе преко његовог живота.

Али, двадесет четврте године његове владавине, стиже га велика несрећа. Његова жена, која му је родила седморо деце, пет синова и две кћери, разболе се и умре. Беше покопана на врху дивног брда у области Ханрјооко и на њен гроб би постављен величанствен споменик. Али, Акиносуке осети такву тугу због њене смрти да више није марио за живот.

Када предвиђени период жалости прође, краљевски изасланик из палате Токојо дође на Раишју и уручи Акиносукеу поруку саучешћа рекавши му: "Ово су речи за које наш Светли господар краљ Токојоа наређује да Вам поновимо: Послаћемо Вас сада натраг у Вашу земљу Вашем народу. О седморо деце, који су унуци и унуке краља, биће вођено рачуна на пригодан начин. Зато не дозволите своме уму да га обузму бриге о њима."

Добивши овај налог, Акиносуке се покорно припреми за полазак. Када среди све своје послове и би окончана церемонија опроштаја од саветника и верних службеника, он са највећим почастима би отпраћен до луке. Укрца се на брод који је био послат по њега и испови под плавим небом на плаво море. Обриси острва Раишју постадоше и сами плави, па онда посивеше и нестадоше заувек... И Акиносуке се нагло пробуди под кедровим дрветом у своме врту!...

За тренутак он би запрепашћен и ошамућен, али угледа своја два пријатеља, како седе близу њега пијући и весело разговарајући. Зурио је у њих као опчињен, а онда узвикну:

"Какво чудо!"

"Акиносуке мора да је нешто сањао", рече један од њих, смејући се "Шта си то тако чудно видео у своме сну, Акиносуке?"

Онда им Акиносуке исприча свој сан - сан о двадесет три године боравка у царству Токојо на острву Раишју и они беху запањени, јер је спавао само неколико минута.

Један од младића рече: "Стварно, сањао си чудне ствари. Ми смо такође нешто необично приметили док си спавао. Мали жути лептир летео је за тренутак изнад твог лица и ми смо га посматрали. Онда се он спусти на земљу поред тебе, сасвим уз дрво, и, чим ту стаде, из рупе се појави мрав, ухвати га и одвуче са собом. Баш пре него што си се пробудио, видели смо лептира како излеће из рупе и лети поново око твога лица. не знамо где је после нестао."

"То мора да је била Акиносукеова душа", рече други гоши. "Учинило ми се, стварно, да сам га видео када му је улетео у уста... али ипак, чак и да је то била његова душа, како објаснити тако чудан сан?"

"Мрави би могли да га објасне", рече први младић. "Мрави су чудна створења, можда чак и вилењаци. У сваком случају, ту испод кедра је велики мравињак..."

"Погледајмо", узвикну Акиносуке, подстакнут овим предлогом и оде да узме ашов.

Показа се да је земљиште око кедровог дрвета прокопано на најчудније начине и да у њему има пуно ходника које је створила огромна колонија мрава. Мрави су од сламки, гранчица и глине подигли конструкције које су подсећале на минијатурне градове. У средини грађевине, сразмерно веће него остали делови, беше огромно мноштво малих мрава који имаше жућкаста крила и дугу црну главу.

"Хеј, ово је краљ из мог сна", викну Акиносуке, "а ово дворац Токојо! Како је то необично!... Раишју би требало да буде негде југозападно од њега, лево од овог великог корена... Да, ево га! Како чудно! Сад сам сигуран да могу да пронађем планину Ханрјооко и принцезин гроб."

У рушевини мравињака он је тражио и тражио и најзад пронађе малу хумку на чијем врху беше водом испрани комад шљунка, обликован тако да је подсећао на будистички споменик. Испод њега он нађе, усађено у иловачу, мртво тело женке мрава.

РОКУРО КУБИ

Пре скоро пет стотина година[42] живео је у служби господара Кикуђија од Кјушјуа самурај Исогаи Хеидазаемон Такецура. Тај Исогаи је од многобројних ратничких предака наследио природну склоност ка војним вежбама и необичну снагу. Још као дечак превазишао је учитеље у вештини мачевања, стрељаштву и борби копљем и показао способности смелог и искусног ратника. Касније, у време рата Еикјо[43] толико се истакао, да су му указане високе почасти.

Али, када је дошло до пропасти куће Кикуђи, Исогаи се нађе без господара. Могао је врло лако да ступи у службу другог даимјоа, али, пошто иначе никада није тежио слави, а срце му је и даље припадало старом господару, више је волео да напусти овај свет. Зато одсече косу и постаде путујући свештеник, узевши будистичко име Кваирјо. Али увек, и под коромом[44] свештеника, у Кваирјоу је куцало самурајско срце.

Као и ранијих година, када се ругао страху, тако је и сада презирао опасности. По било ком времену и без обзира на годишње доба, путовао је и проповедао прави Закон[45] у местима у које се други свештеници не би усудили да оду, јер то време је било доба насиља и безакоња и на путевима не беше сигурности за усамљеног путника, макар он био и свештеник.

---

42) Ова књига писана је крајем 19. века.
43) Период Еикјо трајао је од 1429. до 1441. године.
44) Корома је хаљина какву су носили путујући будистички свештеници.
45) Будистичко учење.

За правац првог дужег путовања Кваирјо изабра провинцију Каи. Једне вечери, док је био у планинама те области, мрак га стиже у веома пустом крају, километрима далеко од најближег села. Он одлучи да проведе ноћ под ведрим небом, и, нашавши погодно, травом обрасло место поред пута, леже и спреми се да спава. Увек је волео неудобност и чак гола стена му беше добар лежај (када не може ништа друго да се нађе), а борове жиле диван јастук. Тело му беше као челик и никада му нису сметали роса и киша, мраз и снег.

Само што је легао, кад путем наиђе човек, носећи секиру и велики товар насеченог дрвета. Кад виде Кваирјоа да лежи, дрвосеча се заустави и, пошто га је за тренутак ћутећи посматрао, рече му изненађено: "Какав си то човек, добри господару, кад се усуђујеш да лежиш сам на оваквом месту?... Овде долазе утваре, зар се не плашиш Косматих?"

"Пријатељу" одговори му ведро Кваирјо, "ја сам само лутајући свештеник, облак луталица[46] као што народ каже, и ни најмање се не плашим Косматих, ако под тиме подразумеваш утваре лисице, или утваре јазавце, или духове у било каквом другом облику те врсте. А што се тиче пустих места, волим их, погодна су за медитацију. Навикао сам да спавам напољу и научио да се не плашим за свој живот".

"Ти мора да си стварно храбар човек, господине свештениче", одврати сељак, "лежати овде!" Ово место има лоше име, врло лоше име. А, као што пословица каже "Прави човек се безразложно не излаже опасности[47]".

---

[46] На јапанском: унсуи но рјокаку.
[47] На јапанском: Кунши ајајуки ни ћикајоразу. Књигу "Јапанске пословице", у преводу овог преводиоца, издало је такође Српско-јапанско друштво "Београд-Токио".

Морам да ти кажем да је врло опасно спавати овде. Зато, иако је моја кућа само бедна тршчана колиба, дозволи ми да те замолим да одмах пођеш са мном тамо. Што се тиче хране, немам ништа да ти понудим, али, најзад, имаћеш кров и можеш да спаваш под њим без опасности."

Говорио је искрено, тако да Кваирјо, пошто му се свиде љубазни тон човеков, прихвати ту скромну понуду. Дрвосеча га поведе уском стазом која се одвајала од главног пута и водила кроз шуму. То је била неравна и опасна стаза, која је понекад дотицала поноре, понекад нудила само помоћ клизавог корења дрвећа као упориште за ногу, а некад водила преко и између оштрог стења. Али, најзад, Кваирјо се нађе на заравни на врху брда, са пуним месецом који се сијао одозго и виде испред себе тршчану колибу из чије је унутрашњости пробијала весела светлост.

Дрвосеча га поведе под настрешницу иза куће, где је преко бамбусових цеви била доведена вода, па ту два човека опраше ноге. Тамо је био повртњак и шумица кедара и бамбуса, а иза дрвећа се чуо жубор воде која је падала са неке узвисине, пресијавајући се на месечини као дуга бела хаљина. Кад Кваирјо уђе у колибу, угледа четири особе (људи и жена), које су грејале руке над ватром у роу[48] у великој соби. Они се поклонише свештенику и поздравише га на најучтивији начин. Кваирјо се зачуди да тако сиромашни људи, који живе у пустоши, познају формалне облике етикеције.

---

48) Огњиште издубљено у поду и обложено гвожђем, око кога су се укућани грејали.

"Ово су добри људи" мислио је, "и мора да их је учио неко ко је добро упознат са правилима понашања." И, онда, окренувши се домаћину, како су га остали називали, Кваирјо рече: "По љубазности твог говора и по врло углађеним изразима добродошлице твојих укућана, претпостављам да ниси увек био дрвосеча. Мора да си раније припадао некој од виших класа?"

Насмешивши се, дрвосеча одговори: "Господине, ниси погрешио. Иако сада живим овако како видиш, некад сам био у другом положају. Моја прича је прича уништеног живота, уништеног мојом сопственом грешком. Био сам у служби даимјоа и мој положај у служби није био безначајан. Али, сувише сам волео жене и саке и под утицајем задовољстава правио сам грешке. Моја себичност је довела до пропасти наше куће и проузроковала смрт много људи. Одмазда ме је стигла и постао сам изгнаник. Сада се често молим да будем у стању да покајем зло које сам починио и обновим дом предака. Али бојим се да никада нећу моћи да нађем начин да то учиним. Ипак, покушавам да савладам карму својих грехова искреним кајањем и помагањем онима који су несрећни, бар онолико колико могу.

Кваирјо би задовољан таквом одлуком, па рече аруђију[49]: "Приметио сам, пријатељу, да људи склони лакомисленостима у младости, добрим животом, могу да касније постану особе високе вредности. У светим сутрама је записано да најјачи у злу може, ако то чврсто одлучи, постати најјачи у добру. Не сумњам да имаш добро срце и надам се да ће те стићи боља срећа. Ове ноћи ћу говорити сутре за тебе и молити се да добијеш снагу и савладаш карму свих својих грехова."

---

49) Аруђи значи домаћин.

Са тим уверавањима, Кваирјо назва лаку ноћ арђуији и овај га одведе у малу одвојену собу, где је лежај већ био спреман. Онда сви одоше на спавање, осим свештеника, који поче да чита сутре под светлошћу папирног фењера. Наставио је да чита и да се моли до касно у ноћ, а онда отвори прозор своје мале собе, да последњи пут погледа пејзаж пре него што легне. Ноћ је била дивна, није било ни облака ни ветра, а јака месечева светлост бацала је црне оштре сенке лишћа и пресијавала се на капима росе у повртњаку. Звук зрикаваца био је продоран, а шум ближњег водопада појачао се у ноћ.

Док је слушао звук воде Кваирјо ожедне и, сетивши се бамбусовог аквадукта иза куће, помисли да би могао да оде донде и угаси жеђ, не узнемиравајући заспале укућане. Врло лагано гурну у страну преградне зидове који су га одвајали од главне просторије и под светлошћу фењера виде пет тела која су лежала, без глава.

За тренутак стајао је збуњен помишљајући на злочин, али у следећем тренутку опази да нема крви и да обезглављени вратови не изгледају као да су пресечени. Онда помисли: "Ово је или уобразиља под утицајем злих духова, или су ме овде намамили рокуро куби...[50]

У књизи "Сошинки" стоји да, ако се нађе тело рокуро кубија без главе и тело се помери на друго место, глава никада више неће моћи да поново прирасте на врат. И даље, каже књига, ако се глава врати и види да је тело померано, удариће три пута о земљу, одскачући као лопта, дахтаће као да је у великом страху и одмах умрети. Сад, ако су ово рокуро куби, не мисле ми добро, па, ако хоћу да се одбраним, морам да поступим по упутствима из књиге..."

---

50) Врста утваре из јапанске митологије.

Он ухвати аруђијево тело за ноге, провуче их кроз прозор и гурну га напоље. Онда оде до задњих врата и виде да су затворена резом. Нагађао је да су главе изашле кроз димњак, који је остао отворен. Лагано скинувши резу, прође кроз повртњак и, с највећом предострожношћу, дође до шумарка. Чуо је гласове међу дрвећем и пође у њиховом правцу, прикрадајући се од сенке до сенке, све док није нашао место са кога је могао да добро види. Онда, сакривен иза једног дебла, угледа свих пет глава како лете около разговарајући. Јеле су глисте и инсекте које су налазиле на земљи међу дрвећем. Баш тада аруђијева глава престаде да једе и рече: "Ох, тај путујући свештеник који је дошао ноћас, како је пуначак!... Кад бисмо га појели, трбуси би нам били пуни... Био сам глуп што сам причао оно; само сам га навео да говори сутре за спас моје душе! Биће тешко да му се приђе док изговара сутре и не можемо да га такнемо док се моли. Али, пошто је већ скоро јутро, вероватно је легао... Нека неко од вас оде и види шта ради."

Једна глава (глава младе жене) одмах полете према кући, нечујно као слепи миш. После неколико минута се врати и узбуђено завика храпавим гласом: "Тај путујући свештеник није у кући, нестао је! Али то није најгоре, узео је тело нашег аруђија и не знам где га је ставио."

На те речи аруђијева глава, која се јасно видела на месечини, доби страшан изглед. Очи се грдно разрогачише, коса се накостреши и он зашкљоца зубима. И онда, покуљаше сузе беса и крик јој излете из уста: "Ако ми је тело померено, не могу му се припојити! Онда морам да умрем!... И то све због оног свештеника! Пре него што умрем, ухватићу га... рашчеречићу га... прождраћу га!..."

А, ено га..., иза дрвета, вири иза дрвета! Гледај га, ту дебелу кукавицу!"

У истом тренутку аруђијева глава и остале четири полетеше на Кваирјоа. Али снажни свештеник је већ био наоружан, одломивши стабло младог дрвета, ударао је главе како су наилазиле, одбијајући их од себе страшним ударцима. Четири главе одлетеше, али аруђијева настави да напада, безнадежно наваљујући на свештеника и најзад га ухвати за леви рукав хаљине. Кваирјо је ипак дохвати ударцем и настави брзо да је удара, али није успео да јој ослаби стисак. Само јој се оте јецај и престаде да се бори. Била је мртва, али су зуби и даље држали рукав. И поред све своје снаге, Кваирјо није успео да јој отвори вилицу.

Са главом, која му је и даље висила на рукаву, врати се у кућу и угледа друга четири рокуро куби како чуче заједно са модрим и крвавим главама потпуно припојеним телу. Али, кад га угледаше на вратима, завикаше: "Свештеник, свештеник!" и кроз друга врата побегоше међу дрвеће.

На истоку је небо почело да бледи. Зора је била близу и Кваирјо, знајући да је моћ утвара ограничена на време мрака, погледа главу која је била ухваћена за рукав. Лице јој је било прекривено крвљу, пеном и иловачом и он се насмеја помисливши: "Какав мијаге[51], глава утваре!"

Кад је покупио оно мало својих ствари, Кваирјо сиђе лагано низ падину да би наставио пут. Путовао је тако док не дође у место Сува у Шинану и достојанствено прође главном улицом, са главом која се клатила на

---

51) Мијаге, значи поклон са пута. Обично је то неки производ краја у коме се боравило - у томе је смисао Кваирјове досетке.

рукаву. Жене су падале у несвест, деца вриштала, бежала и било је много гужве и буке док торите (како су се звали полицајци тог времена) не зграбише свештеника и стрпаше га у затвор.

Претпостављали су да је то била глава убијеног човека који је, пре него што је умро, ухватио убицу зубима за рукав. Што се тиче Кваирјоа, он се само смешио док су га испитивали.

Тако, пошто је провео ноћ у затвору, извели су га пред месни суд. Би му наређено да објасни како то да је он, свештеник, нађен са људском главом ухваћеном за рукав, и како се усудио да тако срамно парадира са резултатом свог злочина. Кваирјо се смејао дуго и гласно на таква питања и онда рече: "Господо, ја нисам закачио главу за рукав, сама се, против моје воље, ухватила. И нисам извршио никакав злочин, јер ово није глава човека него утваре, па ако сам проузроковао смрт утваре, нисам учинио насиље, него сам извршио неопходне предострожности да бих осигурао свој живот..." И он настави да прича цео свој доживљај, прснувши опет у смех када је причао о свом сусрету са пет глава.

Али судије се нису смејале. Оптужише га да је умешан у злочин и његову причу сматраху подсмехом својој интелигенцији. Зато, без даљег испитивања, одлучише да одмах нареде његову егзекуцију, сви сем једног старца. Тај службеник у годинама није рекао ни реч за време суђења, али, када је чуо мишљење својих колега, устаде и рече:

"Чекајте да прво прегледамо главу, чини ми се да то до сада није било урађено. Ако је свештеник говорио истину, глава ће потврдити његове речи. Донесите главу овамо!"

Тако корому, за коју се држала глава, скинуше са свештеника, па ставише пред судије. Старац је обртао главу, пажљиво је испитујући и нађе исписано на врату неколико чудних црвених знакова. Он обрати пажњу својих колега на то и замоли их да погледају врат на коме није било трагова који би показивали да је пресечен било каквим оружјем. Напротив, страна где се врат завршавао била је тако глатка, као кад се лист откине од гране... Онда рече председавајућем: "Потпуно сам сигуран да је свештеник говорио само истину, ово је глава једног рокуро кубија. У књизи *"Нан хои буџуши"* стоји да извесна црвена слова могу да се нађу на врату правог рокуро куби. Ево знакова, можете сами да видите да их нико није накнадно написао. Поред тога, познато је да такве утваре живе у планинама провинције Каи још од древних времена... Али, Ви, господине", узвикну, окренувши се Кваирју, "какав сте Ви то снажан човек? Показали сте храброст за петорицу; имате више изглед ратника него свештеника! Вероватно сте раније припадали самурајској класи?"

"Тачно сте рекли, господине", одврати Кваирјо. "Пре него што сам постао свештеник, дуго сам упражњавао војно занимање и у то време се нисам плашио ни човека ни ђавола. Моје име је тада било Исогаи Хеидазаемон Такецура са Кјушјуа, можда га се неко још сећа".

На спомен тог имена жамор дивљења испуни судницу, јер је било много оних који га се сетише. И Кваирјо се, уместо међу судијама, нађе међу пријатељима жељним да искажу своје дивљење. Одведоше га с почастима до резиденције даимјоа који га поздрави, погости и даде му леп поклон, пре него што му је допустио да оде. Када Кваирјо оде из Суве, био је срећан онолико колико један свештеник може да буде у овом пролазном свету. Главу је узео са собом, тврдећи у шали да ју је наменио за мијаге.

И сада само остаје да испричамо шта се десило са главом. Дан или два после одласка из Суве, Кваирјо наиђе на разбојника који га заустави на врло пустом месту и нареди му да се свуче. Кваирјо одмах скиде корому и понуди је пљачкашу, који тек онда виде шта виси на рукаву. Иако храбар, друмски разбојник се трже, испусти хаљину и одскочи уназад. Онда викну: "Еј, какав си ти то свештеник!? Па ти си гори од мене! Истина је да сам убијао људе, али се нисам никада шетао са главом обешеном о рукаву... Господине свештениче, све мислим да смо од исте феле и морам да кажем да ти се дивим. Та глава би могла да ми послужи. Можеш да узмеш моју одећу у замену за корому и даћу ти пет рјоа за главу."

Кваирјо му одговори: "Даћу ти главу и хаљину, ако наваљујеш, али морам да ти кажем да то није људска глава, него глава утваре. Тако, ако је купиш и имаш неке невоље, запамти да ја нисам крив..."

"Леп си ми ти свештеник" узвикну разбојник," прво убијаш људе, па после збијаш шалу!... Али ја мислим озбиљно: ево ти хаљине и ево новца... И дај ми ту главу, шта ту увијаш."

"Узми", рече Кваирјо. Нисам се шалио. Једина шала је, ако је то уопште шала, да си довољно глуп да даш добре паре за главу утваре." И Кваирјо, гласно се смејући, оде својим путем.

Тако је разбојник добио главу и корому и извесно време је уживао у улози свештеника - вампира по друмовима. Али, кад дође у близину Суве и тамо чу причу о правом пореклу главе, уплаши се духа рокуро кубија, који је могао да га увуче у неку невољу. Зато се одлучи да врати главу на место са кога је дошла и сахрани је заједно са телом. Он нађе пут до усамљене колибе у планинама провинције Каи, али тамо не беше никог, нити је могао да нађе тело. Зато он закопа само главу у шумици иза куће, постави надгробни камен и даде да се изврши сегаки - служба за покој душе. И тај камен (бар тако каже јапански приповедач) може да се види и до данашњег дана.

ПРИЧА О НОРИСУКЕУ ИТОУ

У граду Уђи, у области Јамаширо, живео је пре око шест стотина година[52] млади самурај Норисуке Ито, чији преци беху из клана Хеике[53]. Норисуке је био леп човек, пријатног карактера, добро образован и вичан оружју. Али његова породица беше сиромашна, а он немаше покровитеља међу војним племством, тако да му изгледи за успех беху веома мали. Живео је врло мирно, посветивши се изучавању књижевности и имаше, како каже приповедач, "само месец и ветар за пријатеље".

Једне јесење вечери, док се сам шетао у околини брда Котобики, сустиже младу девојку која је ишла истом стазом. Била је богато обучена и изгледала као да има око једанаест или дванаест година. Норисуке је поздрави и рече: "Сунце ће ускоро заћи госпођице, а ово је прилично пусто место. Смем ли да питам да се нисте можда изгубили?" Она га погледа са ведрим осмехом на лицу и одговори: "Не, ја сам *мијазукаи*[54] која служи овде у близини и имам само још мало до куће."

Пошто је употребила реч мијазукаи, Ито схвати да девојка мора да је у служби неке особе вишег ранга, а њена изјава га изненади, јер никада није чуо да нека угледнија породица живи у близини. Али он само рече: "Ја идем у Уђи, где се налази мој дом. Надам се да ћете ми дозволити да вас пратим, пошто ми је успут, а ово је доста пусто место". Она му љупко захвали, изгледајући

---

52) У тринаестом веку
53) Чувени самурајски клан у јапанској феудалној историји који је дуго давао јапанске цареве. Поражен у поморској бици код Данноуре 1185. године, клан Хеике никад више није могао да поврати моћ, а власт у Јапану преузео је победнички клан Минамото.
54) Слушкиња у племићској резиденцији.

срећно због његове понуде и они наставише пут заједно чаврљајући. Она је говорила о времену, цвећу, лептирима и птицама, о једном свом одласку у Уђи, о познатим местима у престоници, где беше рођена, и Норисукеу време прође пријатно, док је слушао њено живахно чаврљање. На окуци пута уђоше у сеоце, сво обрасло густим младим дрвећем.

Село беше у мраку, пошто сунце беше зашло, а вечерње руменило и сунчеви одсјаји нису продирали кроз густу шуму бамбусовог растиња, које у Јапану обично прави мали зид око насеља. "Сад, љубазни господине", рече девојчица, показујући уличицу која се одвајала од главног пута, "треба да скренем овамо". "Дозволи ми да те отпратим до куће", рече Норисуке и уђе у улицу са њом, волевши више то него да настави својим путем.

Девојка се ускоро заустави испред малих вратница, скоро невидљивих у мраку, капије направљене од летвица, иза које могаше да се види светло из неке куће. "Овде је", рече она, "кућа у којој служим. Пошто си већ толико скренуо са пута, љубазни господине, надам се да нећеш одбити да сврапиш и мало се одмориш".

Ито пристаде. Беше срећан због овог непосредног позива, а хтео је и да види те особе високог ранга које су одлучиле да живе у тако забаченом селу. Знао је да се угледне породице понекад на тај начин повлаче из јавног живота, због немилости у влади или политичких скандала, и замишљаше каква би морала да буде прошлост ове куће која је стајала пред њим.

Прошавши кроз капију коју му беше отворила девојка, нађе се у пространој сликовитој башти.

Минијатурни пејзаж[55], који је пресецао брзи поток, једва се назирао. "Причекај мало, молим те, идем да најавим твој долазак", рече девојчица и одјури у правцу куће. Беше то пространа кућа, али је изгледала веома стара и била је изграђена у стилу из древних времена. Помична врата нису била затворена, али је унутрашњост куће скривала дивна бамбусова завеса која се пружала дуж целог ходника. Иза ње су се мицале сенке, сенке жена, и изненадна музика котоа[56] зажубори кроз ноћ. Музика беше тако лагана и слатка, да Норисуке није могао да верује да су његови осећаји стварни. Док ју је слушао, на њега наиђе снени осећај уживања, уживања које се чудно мешало са тугом. Чудио се како је било која жена могла да научи да тако свира, размишљао да ли би то и могла да буде жена, мислио, чак, да ли он то чује земаљску музику, пошто је изгледало као да му њена чар улази у крв заједно са звуцима.

Нежна музика престаде и у скоро истом тренутку Норисуке виде малу мијазукаи поред себе. "Господине", рече она, "замолили су да уђете". Одведе га до улаза где је скинуо сандале и једна старија жена, за коју је помислио да мора да је *рођо* - домаћица куће, дочека га на улазу. Стара жена га онда поведе кроз много одаја до велике и добро осветљене просторије у задњем делу куће. Уз много смерних поклона, она га замоли да заузме почасно место одређено за изузетне госте. Он би запрепашћен сјајем собе и чудном лепотом украса у њој.

---

55) Јапанци често своје вртове уређују у облику минијатурних пејзажа.
56) Јапански жичани инструмент, сличан цитри, са 13 жица. Такве инструменте држали су само у добро стојећим кућама.

- Страшне приче -

Младе служавке онда донесоше послужење и он примети да шоље и друго посуђе, постављени пред њега, беху ретке и скупе израде и украшени сликама и орнаментима који указиваху на високи положај сопственика. Све више се и више питао која је то племенита особа изабрала овако усамљено прибежиште и који је то догађај могао да изазове жељу за таквом самоћом. Али, стара слушкиња прекиде његова размишљања питањем: "Да ли грешим, или сте Ви стварно господин Ито из Уђија - Ито Татеваки Норисуке[57]?"

Ито потврди наклоном. Он није рекао малој мијазукаи своје име, па начин на који му је питање било упућено запањи га.

"Немојте се увредити", настави слушкиња. "Стара жена као што сам ја понекад поставља питања, без жеље да својом радозналошћу нанесе увреду било коме. Када сте ушли у кућу, Ваше лице ми се учинило познатим и зато сам Вас запитала за име, да бих разбила сваку сумњу пре него што почнем разговор о другим стварима. Имам нешто да Вам кажем. Често пролазите овим селом, па се десило да Вас је наша млада господарица видела једног јутра и отада она дању и ноћу мисли о вама. Толико је мислила, заиста, да се разболела и много смо се забринули за њу.

Због тога, предузела сам све да сазнам Ваше име и место у коме живите и баш сам намеравала да Вам напишем писмо, када сте се овако изненадно појавили на капији са нашом малом слушкињом. Не могу да изразим срећу коју осећам што сам Вас видела, изгледа толико чудно, сувише лепо да би било истинито! Мислим да за

---

57) Татеваки је нижи самурајски ранг.

ваш долазак можемо да захвалимо само *Енмусубију но камију* - великом богу Изумоа, који држи конце срећног сједињења[58]. И сада, пошто Вас је судбина тако срећно довела довде, надам се да нећете одбити - ако таквом сједињењу не стоје никакве сметње - да усрећите срце наше младе господарице.

За тренутак, Норисуке није знао шта да каже. Ако је стара жена говорила истину, то је била изванредна понуда за њега. Само би велика страст могла да примора ћерку из племените куће да самоиницијативно тражи љубав једног непознатог самураја без господара, који нема никакво имање, нити било какве будућности. С друге стране, није било у човековој племенитој природи да искористи женску слабост за своје интересе. Поред тога, околности беху чудне. После краћег ћутања, он одговори:"Уопште не би било сметњи, пошто нисам ожењен, нити сам верен, нити имам везу са било којом женом. До сада, живео сам са родитељима и они никада нису помињали моју женидбу. Мора да Вам је познато да сам сиромашни самурај без икаквог покровитеља међу особама високог ранга и нисам мислио да се женим, све док не поправим своју ситуацију. А поводом предлога који сте ми изнели и који ми је причинио велику част, могу само да кажем да сам уверен да нисам вредан ни помена код тако узвишене младе даме."

Стара жена се насмеши као да беше задовољна тим речима, па рече: "Боље да још ништа не одлучите, док не видите нашу младу господарицу. Вероватно нећете оклевати када је будете видели. Пођите сада, молим Вас, са мном, да бих могла да Вас представим."

---

58) Употребљен је израз химегисама, настао од речи химе (принцеза) кими (господарица) и сан-сама (додатак уз име или титулу у значењу: господин, госпођа, госпођица).

Она га одведе до једне још пространије собе за примање, где све беше спремно за свечану вечеру и, пошто му је показала почасно место, остави га за тренутак самог. Вратила се водећи младу господарицу, а Норисуке, само што је виде, већ осети исту ону чудну чар коју је осетио у врту док је слушао музику котоа. Никада није могао ни да сања о тако лепом створењу! Изгледало је као да сва сјаји и да се светлост кроз њену одећу пробија као месечина кроз пахуљасте облаке, као што се гране жалосне врбе лелујају на пролећном ветру. Слободно пуштена коса таласала се око ње док се кретала, а усне јој беху као цветови брескве, попрскани јутарњом росом. Норисуке беше опчињен оним што је видео. Питао се да то можда није *Амано кавара но ори химе*, ткаља која живи поред сјајне небеске реке[59].

Смешећи се, стара жена се окрену лепотици, која је чекала и, са спуштеним трепавицама и образима који су горели, само ћутала, и рече јој: "Видиш дете моје, када смо најмање могли да се надамо, особа коју си желела да упознаш дошла је без позива, сама. Такав срећан стицај околности могла је да одреди само воља узвишених богова. Када на то помислим, заплакала бих од среће." И она гласно заплака. "Али сада", настави бришући сузе рукавом, "вама само остаје - сем ако неко од вас не покаже вољу за то, у шта сумњам - да се свечано обавежете једно другом и да узмете учешћа на прослави вашег венчања".

Норисуке не рече ни речи. Визија коју је видео пред собом умртвила му је вољу и везала језик. Слушкиње уђоше, носећи јела и вино. Посластице свадбеног ручка беху изнете пред млади пар и они се заклеше једно

---

59) Личност из јапанске митологије.

другом. Норисуке још остаде као у трансу. Чудесност његове авантуре и лепота невесте као да га беху опчинили. Задовољство, веће него било које је раније осетио, испуни као велика тишина његово срце. Али, постепено, он поврати уобичајени мир и осети да може да говори без узбуђења. Служио се обилно саке, па се он на крају усуди да говори, на мало покрушен, али весео начин, о сумњама и страховима којима беше изложен. За то време невеста остаде тиха као месечина, не дижући очи и одговарајући само када би јој се обратио.

Ито рече старој слушкињи: "У усамљеним шетњама много пута сам прошао кроз ово село, а да нисам знао за постојање овако поштованог дома. И откако сам ушао овамо, стално сам мислио зашто би тако племенита породица изабрала овако усамљено место за место боравка... Сада, када смо се ваша млада господарица и ја заклели једно другоме на верност, изгледа ми чудно да ја још не знам име њене узвишене породице."

На те речи, сенка пређе преко љубазног лица старе жене, а невеста, која дотле једва да је проговорила и реч, побледе и изгледаше болно забринута. После неколико тренутака ћутања, старица, присним тоном, одговори: "Крити и даље нашу тајну од тебе било би веома тешко и мислим да, у сваком случају, треба да будеш свестан да си постао део нас. Знај дакле, господине Ито, да је твоја невеста дивна и несрећна Сан Ми Ђујо, ћерка Шигехире Кјоа."

Чувши имена "Шигехира Кјо и Сан Ми Ђујо", млади самурај осети како му хладноћа, као лед, пројури кроз крв. Шигехира Кјо, велики војсковођа клана Хеике и државник, био је прах већ вековима. И Норисуке одјендом схвати да све око њега, ова соба, светла у њој и свечаност, беше само сан из прошлости. Да прилике око њега нису жива бића, већ сенке мртвих људи.

Али, већ у следећем тренутку, ледене хладноће нестаде. Усхићење, које му се поврати као да се продубљавало у њему, и он престаде да осећа страх. Пошто је његова невеста дошла по њега чак из Јомија, из места жутих извора смрти, његово срце би потпуно побеђено. Онај ко се венча са духом, постаје дух. А, сем тога, он је пре желео да умре него да речју или гестом изазове сенку бола на дивној прилици пред собом. Није се двоумио кад је било у питању осећање које му би понуђено. Сазнао је истину, када би свака лаж боље послужила за евентуалну превару.

Те мисли и осећања прођоше као бљесак кроз његову главу, остављајући га способним да прихвати чудну ситуацију, каква је стварно била, и да поступа као да га је Шигехирина ћерка изабрала за мужа у ери Ђуеи[60].

"О, жалости", узвикну он. "Чуо сам о свирепој судбини узвишеног господара Шигехире.[61]"

"Ај", одговори старица плачући, "била је то стварно

---

60) Дванаести век.
61) После храбре борбе у одбрани престонице, коју је у то време држао клан Таира (звани Хеике), Шигехиру је разбио вођ снага Минамотоа, Јошицуне. Војник именом Иенага, познат као врстан стрелац, убио је стрелом Шигехириног коња и овај је пао под мртву животињу. Шигехира је позвао једног од пратилаца да му доведе другог коња, али је овај побегао. Иенага је онда заробио Шигехиру и предао га Јоритомоу Минамотоу, предводнику клана Минамото, који га је стрпао у велики кавез и у њему га послао у Камакуру, тадашње седиште клана Минамото. После многих понижења, које је претрпео, са њим су поступали са много више пажње пошто је песмом, коју је на кинеском спевао, успео да дирне чак и сурово срце Јоритомоа. Али, следеће године над њим је, по захтеву будистичких свештеника из Нантоа, извршена смртна казна, пошто је својевремено против њих подигао рат по наређењу Кијоморија.

свирепа судбина. Његовог коња су, знате, убили стрелом и коњ је пао на њега. И када је звао у помоћ, они који су живели од његове дарежљивости напустили су га када му је било најпотребније. Онда, када су га заробили, одвели су га у Камакуру, где су срамно поступали са њим и на крају га убили. Његова жена и дете, ова драга девојка овде, крили су се у то време јер се свугде трагало за Хеикама, које су одмах убијали.

Када је до нас стигла вест о смрти господара Шигехире, бол беше превелик да га је мајка могла да издржи, тако да је дете остало без икога да о њему води бригу, сем мене, јер је цела њена родбина била изгинула или нестала. Било јој је тада само пет година. Била сам њена дојиља и чинила сам за њу све што сам могла. Годину за годином лутали смо од места до места, путујући у ходочасничкој одећи... Али ове тужне приче нису за овај тренутак", настави дадиља бришући сузе, "опростите лудом срцу старе жене која не може да заборави прошлост. Погледај, девојчица коју сам ја одгајила, сад је постала млада господарица. Да живимо у добрим данима, у добра времена цара Такакуре, каква судбина би могла да за њу буде резервисана. Она је, међутим, добила мужа кога је желела, то је највећа срећа...

Али, сада је већ касно. Соба за младенце већ је спремна и сада ћу вас оставити да будете сами до јутра". Она устаде и, отворивши помоћна врата према суседној соби, уведе их у њихову спаваћу одају. И уз много израза среће и честитања, она се повуче, оставивши Норисукеа самог са невестом.

Када остадоше сами Норисуке рече: "Реци ми, вољена моја, када си први пут зажелела да ме добијеш за мужа?" (Јер је све изгледало тако стварно, да је скоро престао да мисли о илузији изатканој пред њим). Она одговори гласом као у голубице: "Мој светли господару и мужу, догодило се то у храму Ишијама, где сам отишла са својом помајком и видела те први пут у животу. И када сам те видела, свет се за мене истог часа изменио. Али, ти се не сећаш тога, јер се наш сусрет није одиграо у овом, већ у једном животу давно давно пре овога. Од тада, ти си прошао кроз много смрти и много живота и имао много тела. А ја сам увек остајала оваква каквом ме сада видиш. Ја не могу да добијем друго тело, нити да уђем у другачије стање постојања, све због своје жеље за тобом. Драги мој господару, и мужу, чекала сам на тебе кроз много човекових векова."

И младожења не осети никакав страх од тих чудних речи, него зажеле, више него ишта у животу, или у свим својим будућим животима, да осети њене руке обавијене око себе и да чује миловање њеног гласа.

Звоњава из храма означи долазак зоре. Птице почеше да цвркућу, а јутарњи поветарац унесе шаптање међу дрвеће. Изненада, стара дадиља одгурну помичне преграде на соби младенаца и узвикну: "Децо моја, време је да се растанете. Кад осване дан, већ не смете да будете заједно, чак ни на тренутак, јер то може да буде фатално. Зажелите једно другом збогом."

Без речи, Норисуке се спреми за полазак. Он је некако неодређено разумео изговорену опомену и потпуно се препусти судбини. Његова воља више не беше његова и он желеше само да задовољи своју побледелу невесту.

Она му у руке стави мали камен за мастило⁶², веома лепо израђен, и рече: "Мој млади господар и муж је човек од пера, зато неће презрети овај мали поклон. Врло је необичне израде и није модеран. Веома је стар, јер га је мој отац добио још од цара Такакуре и због тога га сматрам драгоценим."

Ито је, заузврат, замоли да као успомену прими штапиће за учвршћивање сечива са његовог мача, који беху украшени филигранским сликама од сребра и злата, са представљеним цветовима шљиве и славујима⁶³. Онда мала слушкиња дође да га проведе кроз врт, а његова невеста и њена помајка испратише га до улаза.

Кад се на прагу окренуо да се опрости, старица рече: "Видећемо се поново идуће године пацова, истог дана и истог месеца кога си дошао овде. Пошто је сада година тигра, мораћеш да чекаш десет година⁶⁴. Али из разлога које не могу да ти откријем, нећемо моћи да се поново састанемо на овом месту. Ми одлазимо у близину Кјота, где обитавају богови, цар Такакура, наши очеви и много других људи⁶⁵. Сви Хеике ће се радовати твом доласку. Заказаног дана послаћемо носиљку по тебе⁶⁶."

---

62) Сузури - издубљени, лепо обликован камен, који се употребљава за стругање туша у тврдом стању, као и за мешање воде и праха за туш - приликом писања четкицом.

63) Когаи - два танка штапића од метала, којима се, увлачењем у жљебове на корицама, учвршћивало сечиво самурајског мача. Служили су и уместо штапића за јело, или као игле за учвршћивање самурајске пуђе. Били су често лепо обликовани и украшени.

64) Дванаест животиња, које су, према легенди, дошле на Будин самртни одар, представљају циклус од дванаест година у кинеској астрологији. Једна од њих је година тигра.

65) По јапанској традицији, умрли чланови породице постају богови (као лари у старом Риму), које поштују даље генерације, док цареви у тој војсци богова заузимају посебно место.

66) Писац употребљава реч каго, назив затворене носиљке која је служила за путовање богатог света у Јапану.

Звезде су још пламтеле изнад села, кад Норисуке прође кроз капију, а када стиже до друма, виде зору како сјаји иза редова тихих поља. У недрима је носио поклон од невесте. Чар њеног гласа још му је била у ушима, али је ипак, да није прстима стално дотицао успомену добијену од ње, могао скоро да увери самога себе да су сећања на догађаје прошле ноћи сећања из сна и да његов живот још припада њему.

Али, неминовност чињенице да је осудио самога себе, није у њему изазивала нимало кајања. Мучила га је само бол због растанка и мислио је о годишњим добима која треба да прођу да би оно привиђење поново било пред њим. Десет година! И сваки дан тих година изгледаће дуг. На загонетност одлагања следећег састанка није хтео да мисли - тајне путеве мртвих знају само богови.

Врло често у својим усамљеним шетњама Норисуке је одлазио у село Котобикијама, неодређено се надавши да ће успети да макар још једанпут види прошлост. Али никада више, ни дању ни ноћу, није могао да пронађе старинска врата и сеновиту стазу. Никада није више могао да опази малу слушкињу како хода у жару сунчевог заласка.

Сељани, које је подробно испитивао, мислили су да је опчињен. Никада ниједна особа од угледа није живела у овом насељу и никада у суседству није било таквог врта какав је описивао. Али, некада се у близини места о коме је говорио налазио будистички храм и споменици са гробља код храма могли су још да се тамо виде. Ито пронађе споменике усред густог шибља. Имали су старински облик у кинеском стилу и били прекривени маховином и лишајевима, а знаци урезани на њима више нису могли да се прочитају.

Ито никоме није причао о својој авантури, али пријатељи и родбина ускоро на њему приметише велику промену. Дан за даном изгледало је да постаје све блеђи и да слаби. Иако лекари изјавише да му је тело потпуно здраво, он је изгледао као дух и кретао се као сенка. Увек је био ћутљив и усамљен, али сада је постао неосетљив за све оно што му је раније причињавало задовољство, чак и за изучавање књижевности којим је могао да очекује да постигне опште признање. Мајци, која је помислила да би можда брак повратио његове раније амбиције, одговорио је да се зарекао да се никада неће оженити.

А месеци су пролазили. Најзад дође година пацова и јесен, али Ито више није могао да иде у усамљене шетње које је волео. Није чак могао ни да се дигне из постеље. Живот му је отицао, иако нико није могао да пронађе разлог због чега. Он је спавао толико дубоко и толико дуго, да је његов сан често могао да буде погрешно сматран за смрт.

Једне светле ноћи нагло га пробуди дечји глас и он поред кревета виде малу слушкињу, која га је пре десет година провела кроз капију несталог врта. Она га поздрави, насмеши се и рече: "Послали су ме да ти кажем да ћеш вечерас бити примљен у Охари, близу Кјота, где се налази наш дом и да ће по теби бити послата носиљка." Онда нестаде.

Ито је знао да је позван да нестане испред сунчевог лица, али га порука толико обрадова, да нађе снагу да седне и позове мајку. Он јој онда исприча све о свом венчању и показа јој камен за мастило који је добио, замоливши је да га стави у његов мртвачки ковчег и онда умре.

Камен су закопали заједно са њим, али пре церемоније сахране прегледали су га стручњаци и рекли да је начињен у периоду Тоан (1169. године). Камен је на себи носио знак једног уметника који је живео у време цара Такакуре.

ЂУГОРО

У кварту Коишикава у Едоу[67] живео је давно хатамото Сузуки[68], чија се резиденција налазила на обали реке Едогава, недалеко од моста Накано. Међу пратиоцима тог Сузукија био је ашигару[69] Ђугоро. Ђугоро беше згодан момак, врло пријатан, па је био омиљен међу друговима.

Неколико година остаде Ђугоро у Сузукијевој служби, владајући се тако добро да му нико не нађе ни једне замерке. Али, касније, остали ашигару открише да Ђугоро излази кроз врт из дворца сваке ноћи и остаје напољу, све до пред саму зору. У почетку, не рекоше му ништа због овог необичног понашања, пошто његова одсутност није ометала вршење редовних дужности, а сви мишљаху да је реч о некој љубавној вези.

Али, после извесног времена, он поче да слаби и бива све блеђи, па његови другови, сумњајући да је у питању нека озбиљна ствар, одлучише да се умешају. Једне вечери, баш када је Ђугоро хтео да се искраде из куће, један старији службеник га позва и рече: "Ђугоро, драги мој, ми знамо да ти сваке ноћи излазиш и остајеш до раног јутра, а приметили смо и да изгледаш као да си болестан. Плашимо се да си упао у лоше друштво и да ћеш покварити своје здравље. Ако нам не будеш дао добар разлог за овакво своје понашање, сматраћемо да нам је дужност да случај пријавимо управнику. У сваком случају, пошто смо твоји другови и пријатељи, требало

---

67) Едо је старо име Токија, у време када је био престоница шогуна.
68) Шогунов вазал, нека врста самурајског племства.
69) Најнижи положај самураја у служби феудалца; пешак.

би да знамо зашто, насупрот правилима куће, излазиш из двора сваке ноћи."

Ђугоро је изгледао збуњен и узнемирен овим речима. После краћег ћутања, он са пријатељем изађе у врт, и, кад су били довољно далеко да нико не може да их чује, Ђугоро стаде и рече:

"Рећи ћу ти све, али ми се мораш заклети да ћеш чувати тајну. Ако икада поновиш оно што ти будем рекао, на мене ће се свалити грдна несрећа.

Догодило се то у рано пролеће, још пре пет месеци. Једне вечери, док сам се враћао из посете родитељима, видех неку жену како стоји на обали, недалеко од главне капије. Била је обучена као особа вишег ранга и помислих да је чудно да тако лепо обучена жена у касне сате стоји тамо сама.

Али, мислио сам да немам никаква права да јој постављам питања, па сам већ био прошао поред ње, кад она ступи напред и повуче ме за рукав. Окретох се и видех да је млада и лепа.

"Хоћеш ли да ме отпратиш до моста?" рече она, "имам нешто да ти кажем". Глас јој је био веома нежан и пријатан и смешила се док је говорила, а осмех јој је био такав да му је било тешко одолети.

Тако ја пођох са њом према мосту, а онда ми успут рече да ме је често виђала како идем у дворац и да сам јој се свидео. "Желела бих да ми будеш муж", рече она, "ако ме заволиш, могли бисмо да једно друго учинимо веома срећним." Нисам знао шта да кажем, али ми се веома свиђала. Кад смо се приближили мосту, она ме поново повуче за рукав и низ падину ме одведе право на саму речну обалу.

"Хајде са мном", шапну и повуче ме према води. Вода је тамо, као што знаш, веома дубока и ја се уплаших и покушах да се вратим. Она се само насмеши, ухвати ме за ручни зглоб, па рече: "Никада не треба да се плашиш кад си са мном." И, некако, на сам додир њене руке, постадох беспомоћан као дете. Осетих се као човек који у сну покушава да потрчи, али не може да помери ноге. Она се загњури у дубоку воду, повуче ме за собом и ја ништа не видех и не чух и не осетих било шта, док се не нађох у некој великој палати.

Нисам могао да схватим како сам тамо доспео. Жена је ме водила за руку и прођосмо кроз многе собе - кроз толико много соба, свих празних, али веома лепих, све док не уђосмо у собу за примање величине хиљаду асура[70]. Испред токономе, у дну собе, светиљке су гореле[71], јастуци за седење били су распоређени као за гозбу, али нигде није било гостију. Она ме одведе до почасног места, испред токономе, седе и сама поред мене, па рече: "Ово је моја кућа. Мислиш ли да би овде могао да будеш срећан са мном?" Док ме је то питала смешила се, а мени се чинило да на свету нема ничег лепшег од њеног осмеха, па из саме дубине срца одговорих: "Да"... У том тренутку се сетих приче о Урашими[72] и помислих да она мора да је ћерка неког божанства, али сам се плашио да је било шта питам. Утом, слушкиње уђоше носећи саке и много јела и ставише све испред нас. "Вечерас ће бити наша брачна

---

70) Татами, асура фино исплетена од посебне врсте траве и разапета на раму (изнутра испуњеном пиринчаном сламом) величине 90 x 180 према којој се стандардно граде и просторије у јапанским кућама.

71) Светиљке испред токономе означавају да је у току нека свечаност.

72) Таро Урашима - личност из јапанске бајке. Јашући на корњачи, сишао је у дворац морског цара и оженио се његовом ћерком. Када се вратио кући, није нашао никог од рођака и познаника и сазнао да је од његовог одласка прошло више стотина година, док је он остао млад. Остарео је нагло и умро, када је отворио кутију коју му је дала морска принцеза.

ноћ, а ово ће бити наш венчани ручак." Заклесмо се једно другом за период од седам постојања и, после банкета, одведоше нас у собу за младенце која беше спремна за нас.

Пробудила ме је у рано јутро и рекла ми: "Драги мој, сада си стварно мој муж. Али, из разлога које не могу да ти саопштим и за које не смеш да питаш, неопходно је да наше венчање остане тајна. Ако бих те задржала овде до свануђа, то би нас обоје коштало живота. Зато, молим те, немој да се љутиш што ћу те сада послати у кућу твог господара. Можеш да ми дођеш поново вечерас, у исти час у који смо се први пут срели. Чекај ме увек поред моста и нећеш ме чекати дуго. Али, од свега најбоље запамти да наше венчање мора да остане тајна и да, ако будеш о њему некоме рекао, морамо заувек да се растанемо."

"Сетивши се Урашимине судбине, обећао сам јој да ћу је у свему послушати, па ме она онда одведе кроз много соба, све празних и прелепих, до улаза. Тамо, она ме поново ухвати за зглавак руке и све одједном потамне и ништа нисам знао до тренутка када се нађох како стојим сам на речној обали, близу моста Накано. Када сам стигао натраг у резиденцију, звоно из храма још не беше зазвонило[73].

Увече одох поново до моста, у време које је назначила, и нађох је како ме чека. Увела ме је, као и пре, у речне дубине и до дивног места у коме смо провели прву брачну ноћ. И, отада, виђао сам је и растајао се од ње увек на исти начин. Она и вечерас сигурно чека на мене и пре бих умро него да је разочарам. Зато морам да

---

73) Још није било јутро.

идем... Али, закуни ми се још једном пријатељу да никада ником нећеш ишта рећи о овоме о чему сам ти причао.

Старији ашигару беше изненађен и уплашен оним што је чуо. Осећао је да му је Ћугоро рекао истину, а истина није била најпријатнија. Вероватно је цео тај доживљај био илузија, илузија коју је створила зла сила са неким злонамерним циљем. Ако је стварно био зачаран, младића је било боље жалити него окривљавати и сваки покушај интервенције могао би само да се заврши промашајем. Зато ашигару рече љубазно: "Никада нећу никоме испричати о овоме што си ми рекао, у сваком случају док си жив и док будеш доброг здравља. Иди и нађи се са том женом, али чувај је се. Плашим се да те је зачарао неки зао дух."

На ово старчево упозорење, Ћугоро се само насмеши и оде. После неколико сати, он се врати веома потиштен. "Да ли сте се нашли?" запита шапатом старац. "Не", рече Ћугоро, "није била тамо. По први пут није била тамо. Мислим да је никада више нећу видети. Погрешио сам што сам ти све испричао, био сам луд што сам прекршио обећање"... Старац покуша да га умири, али Ћугоро леже и не проговори више ни реч. Тресао се целим телом, као да га је била захватила грозница.

Када звона са храма означише зору, Ћугоро покуша да устане, али паде натраг без свести. Био је очигледно болестан и одмах позваше лекара Кинеза[74]. "Шта, овај човек нема крви!" викну доктор после пажљивог прегледа, " у његовим крвним судовима нема ничега сем

---

74) Јапанци су прва сазнања о медицини добили из суседне царевине Кине, одакле су често долазили путујући видари. Касније, од 16. века, о европској медицини учили су од Холанђана.

воде. Биће веома тешко да се спасе, какво га је то зло задесило?"

Све би учињено да се Ђугоров живот спасе, али узалуд. Умро је чим је зашло сунце, а његов друг онда исприча свима целу причу.

"Ах, могао сам то да помислим!" рече доктор... "Ништа није онда могло да га спасе. Он није први кога је она уништила."

"Ко је та жена, или... шта је она?" упиташе ашигару, "жена лисица?"

"Не. Она лута овим водама још од давнина. Много воли младу људску крв."

"Жена змија? Жена змај?"

"Не, не. Када бисте је преко дана видели испод моста, изгледала би вам као веома одвратна креатура."

"Али, која врста животиње, реци?"

"Обична жаба, огромна и ружна жаба", одговори лекар.

ОШИДОРИ

Соколар и ловац по имену Соњо, живео је у области званој Тамура но Го, у провинцији Муцу[75]. Једног дана кренуо је у лов, али није успео да улови никакву дивљач. Али, док се враћао кући, на месту званом Аканума, угледао је пар ошидори (кинеских патака), које су заједно пливале у реци, преко које је он баш требало да пређе[76].

Не ваља убити ошидори; али догодило се да је Соњо био врло гладан, па избаци стрелу на њих. Стрела је погодила мужјака, а женка успе да побегне у шевар на другој обали и нестаде у њему. Соњо је однео убијену патку кући и припремио је за јело.

Те ноћи уснио је тужан сан. Учини му се да је прелепа жена дошла у његову собу, стала му крај узглавља и почела да плаче. Тако горко је плакала, да је Соњо осетио како му се срце цепа, док је слушао. Жена му је кроз плач говорила: „Зашто - ох! Зашто си га убио? Какав грех ти је учинио?...

Тамо, на Акануми, нас двоје смо били толико срећни - а ти си га убио!.. . Никада ти он ништа није учинио нажао! Да ли си ти уопште свестан онога што си учинио? - Ах! Да ли знаш какву си окрутну, какву си ужасну ствар урадио?... Ти си, уствари, убио и мене - јер не желим да живим без свога мужа!...

Дошла сам само да бих ти то рекла"... Затим је опет гласно заплакала - тако горко да је одјек њеног плача продирао до сржи костију.

---

75) Муцу је област у северозападном Јапану.
76) Кинеске патке се сматрају симболом супружанске љубави, а цртежи и слике пара ових патака како заједно пливају, чести су призори на јапанским сликама. Такве слике излажу се приликом венчања, или поклањају младенцима.

Јецајући, изговорила је речи ове песме:

Хи курureba	Кад сунце зађе
Сасоеши моно о	позвала сам га
Аканума но	да се са мном врати.
Макомо но куре но	Ах, како је тужно спавати сама
Хитори незо..уки!	у сенци трске Акануме![77]

И, пошто је изговорила те стихове, узвикнула је: »Ах, ти не знаш – ти не можеш знати шта си учинио! Али сутра, када опет одеш на Акануму, видећеш - видећеш...“ Рекавши то, тужно плачући, отишла је.

Када се Сонђо ујутру пробудио, сан му је остао у души толико жив да је био веома узнемирен. Добро је запамтио речи: „Али сутра, када одеш на Акануму, видећеш - видећеш.“

Па одлучи да одмах оде тамо, како би видео да ли је његов сан био ишта више, него само сан.

Тако је ловац отишао на Акануму, и ту је, када је стигао на речни насип, угледао женку кинеске патке, како плива сама.

У истом трену, птица је угледала Сонђоа, али, уместо да покуша да побегне, она је запливала према њему, све време га гледајући некако чудно укочено. Онда

---

77) Трећи стих ове песме има двоструко значење, јер речи од којих се састоји назив Аканума (Црвена Мочвара) могу такође да се протумаче и као акану-ма, што значи „ доба нашег нераздвојног (или дивног) живота“. Тако да песма може да се преведе и овако: »Кад је дан почео да измиче, позвала сам га да ми се придружи ...! Сада, пошто је време нашег срећног живота прошло, како је тужан онај који сам мора да дрема у сенци шевара!“

Макомо је врста трске, високог шевара, која се користи за прављење корпи.

је, кљуном, одједном, распорила сопствено тело и умрла пред очима ловца...

Сонђо је обријао главу и замонашио се.

ПИТАЊЕ У ЗЕН ТЕКСТОВИМА

I

Мој пријатељ је отворио танку пожутелу свеску, са оним дивним текстовима који показују стрпљивост мајстора дрвореcца - будисте. Покретна кинеска слова могу да буду веома корисна, али у поређењу са лепотом старих штампаних блокова, ружноћа је највише што постижу.

„Имам занимљиву причу за тебе", рече ми.

„Јапанску причу?"

„Не, кинеску".

„Која је то књига?"

„По начину на који Јапанци читају кинеске идеограме у наслову, зове се Мумонкан, што значи Пролаз без капије. То је књига коју посебно проучавају припадници секте Зен, или секте Цан. Особеност неких од тих текстова, а ово је добар пример за то, јесте да они нису објашњени. Они само пружају подстицај - сугеришу. Питања се постављају, али ученик мора сам да пронађе одговоре. Мора да их смисли, али не и да их напише. Ти знаш да Цан представља људски покушај да се кроз медитацију допре до оних области које су изван домашаја вербалног изражавања. А свака мисао која је иједном једва изражена, губи сва својства Цана...

Па, требало би да је ова прича истинита, али она је корисна само због Цан питања. Постоје три кинеске верзије ове приче; могу ти дати садржаје све три".

Што је и учинио:

II

Прича о девојци Ђинг, која је испричана у Луи-шуо-ли-хван-ки, а коју је испричао Чинг-танг-лу. Прича је коментарисана у Вумукану (на јапанском- Мумонкан), која је књига секте Зен:

У Ханјангу је живео човек по имену Чанг- Кијен, чија је ћерка Ђинг била обдарена неупоредивом лепотом. Он је такође имао сестрића, који се звао Ванг-Чау, а који је био веома привлачан дечак. Деца су се играла заједно и била привржена једно другом. Једном је Кијен у шали рекао сестрићу: „Једног дана ћу те оженити мојом малом ћерком". Деца су запамтила те његове речи и веровала су да су верени.

Када је Ђинг одрасла, запроси је један човек на високом положају, а њен отац одлучи да одговори повољно. Ђинг је била веома погођена овом одлуком. Што се тиче Чауа, он је био толико љут и растужен да је одлучио да оде из куће, чак у другу провинцију. Следећег дана бродић је био спреман за путовање и, пошто је сунце зашло, не опростивши се ни са ким, кренуо је узводно. Али, усред ноћи, уплаши се од гласа који га је дозивао: „Чекај! То сам ја!" И виде девојку, како трчи дуж насипа у правцу бродића. Била је то Ђинг. Чау је био неизрециво срећан. Она ускочи у бродић, па двоје заљубљених срећно приспеше у провинцију Чу.

У тој провинцији живели су срећно током шест година. Имали су двоје деце. Али Ђинг није могла да заборави своје родитеље и често је чезнула да их поново види. На крају је рекла мужу: „Пошто раније нисам могла да поднесем да прекршим обећање које сам ти дала, побегла сам са тобом и оставила родитеље, мада сам знала да им дугујем поштовање и наклоност. Зар не би било исправно, да сада покушам да добијем опроштај од њих?" „Не жалости се због тога", рекао је Чау, „отићи ћемо да их посетимо". Наредио је да се припреми брод и након неколико дана вратио се са својом женом у Ханјанг.

Како обичај налаже у таквим приликама, муж је први отишао у кућу Кијена, остављајући Ђинг саму на броду. Кијен је срдачно примио сестрића, са свим знацима радости, и рекао:

„Колико си ми само недостајао! Често сам се плашио да ти се нешто није догодило".

Чау одговори са поштовањем:

„Дирнут сам незаслуженом љубазношћу твојих речи. Дошао сам да молим за опроштај".

„На шта то мислиш?"

„Плашио сам се", рекао је Чау, „да си био љут на мене зато што сам побегао са Ђинг. Одвео сам је са собом у провинцију Чу".

„Која је то Ђинг била?", упита је Кијен.

„Твоја ћерка Ђинг", одговори Чау, почињући да сумња како његов таст има зле намере.

„О чему ти причаш?", викну Кијен, потпуно запрепашћен. „Моја ћерка Ђинг лежи болесна у постељи све ове године, још од времена када си ти отишао".

„Твоја ћерка Ђинг", узврати му Чау, почињући да се љути, „није боловала. Она је моја жена већ шест година. Имамо двоје деце. Обоје смо се вратили овамо, само да бисмо од тебе затражили опроштај. Зато те молим да нам се не ругаш!"

Један тренутак, гледали су се у тишини. Тада је Кијен устао и, показујући сестрићу да пође за њим, кренуо до једне од унутрашњих одаја, у којој је лежала болесна девојка. И Чау би неизрециво запрепашћен, када угледа лице Ђинг, прелепо, али чудно мршаво и бледо.

„Не може да говори", објасни старац, „али, схвата све".

Кијен се обрати ћерки са осмехом: „Чау ми каже да си ти побегла са њим и да си му подарила двоје деце".

Болесна девојка је гледала у Чауа и смешила се, али је и даље ћутала.

„Сада пођи са мном до реке", рече збуњени младић своме тасту. „Јер, упркос овоме што сам видео у твојој кући, могу те уверити да је твоја ћерка Ђинг овог тренутка на мом броду".

Отишли су до реке, а тамо је, заиста, била млада жена у ишчекивању. И, видевши свог оца, поклони се дубоко пред њиим, замоливши га за опроштај.

Кијен јој рече:

„Ако си ти заиста моја ћерка, према теби не могу да осећам ништа осим љубави. Па ипак, иако изгледа да си ти моја кћи, има нешто што не могу да схватим... Пођи са нама у кућу".

Тако све троје кренуше према кући. Када су се приближили, видеше како им болесна девојка, која годинама пре тога није устајала из постеље, долази у сусрет, смешећи се радосно. Две Ђинг се приближише једна другој, а онда су се, нико никада неће моћи да објасни како, једноставно стопиле и постале једно тело, једна особа. Ту је стајала једна Ђинг, чак још много лепша него раније, која није показивала знаке ни болести нити патње.

Кијен рече Чауу:

„Од дана када си отишао, моја ћерка је занемела, а већину времена је била некако одсутна, као особа која је попила превише сакеа. Сад знам да је њен дух био одсутан".

Ђинг рече:

„Одиста, никад нисам помислила да сам код куће. Видела сам како Чау гневно одлази и исте вечери сам сањала да трчим за његовим бродом... Али, сада не могу да кажем која сам заиста била ја, она која је отишла бродом, или она која је остала у кући".

III

„И то је цела прича", рече мој пријатељ. „У вези са причом постоји у „Мумонкану" један коментар, који би те могао интересовати. Тај коментар гласи: „Пети патријарх секте Зен једном је упитао свештеника: У случају раздвојености духа девојке Ђинг, која је била истинска Ђинг? Једино је због овог питања прича наведена у књизи. Али на питање није одговорено. Аутор само примећује: „Ако успеш да схватиш која је била права Ђинг, тада ћеш научити да је прелазак из једне чауре у другу, исто као што путник мења крчме на путу.

Али, ако још увек ниси достигао тај ступањ просветљености, добро припази да бесциљно не луташ по свету. Другим речима, ако се икада Земља, Вода, Ватра и Ветар изненада раставе, бићеш попут рака са седам руку и осам ногу, убачен у воду која ври. И немој тада да кажеш како ти никад ништа није речено о Ствари... А у вези Ствари..."

„Не желим да слушам о Ствари", прекинуо сам га, „нити о раку са седам руку и осам ногу. Желим да знам шта је било са одећом".

„Којом одећом?"

„У тренутку када су се саставиле, две Ђинг су биле различито одевене, можда веома различито, јер, једна је била девојка, а друга жена. Да ли се и њихова одећа такође стопила? Претпоставимо да је једна имала свилену хаљину, а друга памучну. Да ли су се оне помешале у тканину од свиле и памука? Претпоставимо да је једна носила плав појас, а друга жут, да ли је резултат био зелени појас? ... Или је једна Ђинг просто свукла своје одело и оставила га на земљи, налик одбаченој чаури инсекта?"

„Ниједан од текстова не говори ништа о одећи", одговори мој пријатељ, „тако да ти не могу дати одговор. Али то питање је сасвим неважно са будистичке тачке гледишта. По овом учењу, предмет наше заинтересованости је, претпостављам, личност девојке Ђинг".

„Али, то још увек није одговор на моје питање", рекох му.

„Најбољи одговор је", узврати мој пријатељ, „да се не одговори".

„Како то?"

„Јер нешто такво као што је личност - не постоји".

ОДРЖАНО ОБЕЋАЊЕ[78]

"Вратићу се почетком јесени", рече Соуемон Акана, опраштајући се од свог побратима, младог Самона Хасебеа. Беше то пре неколико стотина година. Било је пролеће и то се одиграло у селу Како, у области Харима. Акана је био самурај из Изумоа и желео је да обиђе своје родно место.

"Твој крај, Изумо, Земља осам облака, како је понекад зову, прилично је далеко[79]", рече му Хасебе. "Вероватно ти је тешко да ми обећаш да ћеш се вратити неког одређеног дана. Али, кад бисмо знали тачан дан, било би нам много згодније, јер бисмо могли да ти приредимо гозбу добродошлице и можда те, чак, сачекамо на капији."

"Ако је тако", одговори Акана, "довољно сам се навикао на путовања, да могу прилично тачно да одредим време које ми је потребно да пређем неки пут. Због тога могу да ти сада, мирне душе, обећам да ћу се вратити на дан празника Ћојо[80], шта мислиш?"

"То је девети дан деветог месеца", рече задовољно

---

[78] Прича "Одржано обећање" позната је нашим читаоцима из књиге "Приче кише и месеца" јапанског писца из 18. века Акинарија Уеде (издање Нолита 1966.), у којој је носила наслов "Састанак на Дан хризантема". Пошто је Акинари Уеда своју причу написао под утицајем кинеских класика, није сигурно да ли је Лафкадио Херн имао у рукама баш Уедину причу, јер је могуће да је било других верзија исте кинеске приповести. Уедина прича је много подробнија, јер описује како су се двојица младића упознала и побратимила. Прича почиње тако што се Акана разбољева на пропутовању кроз село Како, где га прихвата и брине о њему млади Хасебе, који га дотле није познавао. Иако се остали сељани плаше заразе и не прилазе незнанцу, Хасебе га храбро негује и спријатељује се са њим.

[79] Раздаљина између ове две области је око 400 километара.

[80] Девети дан деветог месеца (9. септембар) и данас се означава као Ћојо но хи. То је један од пет јапанских празника који падају на дан кад се број дана и редног броја месеца поклапају. Сматра се да хризантеме најлепше цветају на тај дан, па се због тога назива и Празником хризантема.

Хасебе, "онда ће хризанteme бити у пуном цвату и моћи ћемо да их заједно посматрамо. То ће бити право задовољство! Значи доћи ћеш деветог дана деветог месеца?"

"Деветог дана деветог месеца", понови Акана, осмехујући се у знак поздрава. Он онда крете из села Како, у области Харима, а Самон Хасебе и његова мајка остадоше да гледају за њим, са сузама у очима.

*****

"Ни сунце ни месец никада се не одмарају док путују", каже стара јапанска пословица. Месеци су брзо пролазили и дође јесен, доба цветања хризантема. Рано ујутру деветог дана деветог месеца, Хасебе се спреми да дочека побратима. Припремио је праву гозбу, купио саке, очистио гостинску собу, а токоному украсио хризантемама.

"Област Изумо је далеко, сине", рече му мајка која је то посматрала. "До ње има више од сто рија[81], а пут преко планина је напоран. Не можеш бити сигуран да ће Акана доћи баш данас. Зар није било боље да сачекаш његов долазак, па да онда припремиш гозбу?"

"Не, мајко", рече Хасебе, "Акана је обећао да ће се вратити данас и он ће одржати обећање! Кад би видео да припремамо гозбу после његовог доласка, знао би да смо сумњали у његову реч и осрамотили бисмо се."

Дан беше диван, небо без облака, а ваздух толико чист да свет изгледаше као да је неколико хиљада километара пространији. Од јутра много путника прође кроз село,

---

81) Ри – стара јапанска мера за дужину (више није у употреби), која износи 4 километра.

међу њима и много самураја, а Хасебеу се, сваког пута док је гледао да се један од њих приближава, чинило да види Акану. Звоно из храма објави подне, али се Акана не појави. Хасебе је узалудно чекао цело по подне, па и сунце зађе без знака од Акане. Али Хасебе је и даље стајао на капији и гледао низ друм.

"Пословица каже да човек може да се промени брзо, као небо ујесен", рече му мајка. "Твоје хризантеме ће бити свеже и сутра. Боље сада крени на спавање, а ујутро можеш да наставиш да чекаш Акану."

"Лаку ноћ мајко", одговори јој Хасебе, "ти се лепо одмори. Ја, међутим, и даље верујем да ће он доћи данас."

Мајка оде у своју собу, а Хасебе остаде на капији.

И ноћ беше блага, као што је био дан. Све звезде беху на небу, а бела небеска река[82] светлуцала је сјајнија него икада. Село је спавало, а тишину су разбијали само жуборење поточића и лавеж сеоских паса у даљини. Хасебе је чекао и чекао, све док и месец не зађе иза оближњих брда. Тада и он поче да сумња и да се плаши.

Баш када је намеравао да уђе у кућу, у даљини спази високог човека како се приближава, газећи лако и брзо, и у следећем тренутку он препознаде Акану.

"О!" викну Хасебе и искочи да га дочека. "Чекам те овде од јутрос, и срећан сам, јер си ипак одржао обећање... Али, шта ја то причам, брате мој, мора да си много уморан. Уђи, све је спремно и чека на тебе!"

Он одведе Акану до почасног места у гостинској соби и пожури да појача пламен у светиљкама. "Мајка је мало уморна вечерас", настави он да говори, док је то

---

82) Млечни пут.

радио, "већ је легла, али ћу је одмах пробудити." Акана затресе главом и гестом показа да се са тиме не слаже.

"Како ти желиш, брате", рече Хасебе и стави загрејану храну и саке пред путника. Акана не додирну ни храну ни пиће и остаде седећи ћутке извесно време[83]. Онда проговори шапатом, као да се боји да не пробуди мајку: "Морам да ти објасним зашто сам дошао овако касно. Када сам стигао у Изумо, видео сам да су људи скоро заборавили доброту претходног управитеља тих крајева, доброг господара Еније. Многи су се трудили да стекну положаје код узурпатора Цунехисе, који је заузео замак Тонда[84].

Био сам обавезан да посетим свог рођака Танђија Акану, који је прихватио службу код Цунехисе и живео као његов вазал унутар замка. Он ме убеди да се представим Цунехиси, а ја то нисам одбио, јер сам желео да видим новог управитеља и оценим какав је човек. Прилично је вешт војсковођа, веома храбар, али је исто тако лукав и суров. За време аудијенције рекао сам му јасно да никада нећу прихватити службу код њега.

Кад сам отишао, Цунехиса је мом рођаку наредио да ме затвори и да ми не дозволи да изађем из куће. Протестовао сам, говорећи да сам обећао да ћу се вратити у Хариму до деветог дана деветог месеца, али ми нису дозволили да одем. Надао сам се да ћу моћи да

---

83) Један од начина да се препозна дух и разликује од живог човека је и одбојност духова према храни.
84) Радња ове приче одиграва се у доба познато као "сенгоку ђидаи", време грађанских ратова у 16. и 17. веку. Тада су се у међусобним борбама племића господари поседа веома често мењали, а ту борбу, због слабе централне власти, нико није могао да спречи. Господар Енја је уствари Окихиса Амаго (1497 – 1534), који је себе називао и Окихиса Енја, према називу поседа којим је управљао, тако да је сигурно да се радња ове приповетке одиграва у првој половини 16. века или на самом почетку друге половине.

побегнем из замка током ноћи, али су стално мотрили на мене и до данас нисам улучио прилику да побегнем и испуним обећање..."

"До данас!?" узвикну Хасебе запрепашћено, "али замак је више од сто рија удаљен одавде!"

"Јесте", одговори Акана, "ниједан живи човек не може пешице да пређе сто рија у једном дану. Али, ја сам мислио да ћеш ти, ако не одржим обећање, стећи лоше мишљење о мени. Пала ми је била на ум стара пословица "Тама јоку ићи нићи ни сен ри о јуку" (Човекова душа може да прелети хиљаду рија на дан). Срећом, било ми је дозвољено да задржим мач и тако себи омогућим да стигнем до тебе... Буди добар према нашој мајци." Са тим речима на уснама, он устаде и нестаде.

Тек тада, Хасебе схвати да се Акана убио, како би могао да одржи реч.

Рано у зору, Самон Хасебе крете на пут према замку Тонда у области Изумо. Стигавши до Мацуеа, он сазнаде да је деветог дана деветог месеца самурај по имену Соуемон Акана извршио харакири у кући Танђија Акане у замку Тонда.

Кад стиже у замак, Хасебе оде у кућу Танђија Акане, оптужи га за издају и превару и посече га пред члановима његове породице. Успео је да побегне неозлеђен, а кад господар Цунехиса чу о томе, нареди да не прогоне Хасебеа. Иако је био бескрупулозан и суров човек, господар Цунехиса је ипак ценио љубав и истинољубивост код других. Он је могао да се диви пријатељству два младића и храбрости Самона Хасебеа.

ЗДРАВ РАЗУМ

На планини Атаго, близу Кјота, живео је једном неки учени свештеник који је све своје време посветио медитацији и читању светих књига. Мали храм у коме је живео, био је далеко од свих насеља, па, у тој пустоши, није могао да сам набави све што му је било неопходно да преживи. Али неколико сељака, верника, доносило му је у одређеним временским размацима довољне количине поврћа и пиринча. Међу тим добрим људима беше и неки ловац, који је понекад долазио у планину у потрази за ловином. Једнога дана, када му је ловац донео врећу пиринча, свештеник му рече:

"Пријатељу, морам да ти кажем да су се дивне ствари догодиле откако сам те последњи пут видео. Не знам, стварно, зашто би се такво нешто догађало у мом безвредном присуству, али ти знаш да сам говорио сутре[85] свакодневно већ много година и могуће је да је то што ми је даровано резултат заслуга које сам стекао кроз верске вежбе. То не знамо тачно, али сигуран сам да Фуген Босацу[86] долази ноћу у овај храм јашући на слону. Остани вечерас са мном, пријатељу, и моћи ћеш да је видиш и поклониш се Буди."

"Да се види тако свет призор", рече ловац, "стварно је изузетна част! С радошћу ћу остати са тобом и молити се."

---

85) Сутре су будистички свети текстови.
86) Фуген босацу је јапански назив за будистичко божанство, које се у Индији назива Самантабхадра Бодхисаттва. Назива се Богињом доброте, врлина и вредности. Она је заштитник будистичких свештеника, као и свих оних који подучавају друге будизму и његовим вредностима. Често се на сликама представља како јаше на слону, док су јој шаке склопљене - као у молитви.

Тако ловац остаде у храму, али, док је свештеник био заузет молитвама, ловац поче да размишља о обећаном чуду и посумња да је таква ствар уопште могућа. И што је више мислио, све је више сумњао. У храму је био дечак, свештеников ученик, и ловац ухвати прилику да га испита.

"Свештеник ми је казао", рече ловац, "да Фуген Босацу долази у овај храм сваке ноћи. Да ли си је и ти видео?"

"Већ шест пута", одврати дечак. "Видео сам је и смерно се клањао Фуген Босацу."

Иако уопште није доводио у питање дечакову истинољубивост, ова изјава само још више појача ловчеве сумње. Он, пак, помисли да ће моћи да види исто што и дечак и с нестрпљењем чекаше час обећаног призора.

Нешто пре поноћи, свештеник објави да је време за припреме за долазак Фуген Босацу. Отворише врата храма и свештеник клече на праг с лицем према истоку, ученик му клече с леве стране, а ловац се с поштовањем смести иза свештеника.

Беше ноћ двадесетог, деветог месеца, суморна и мрачна, врло ветровита ноћ. Њих тројица дуго чекаху појаву Фуген Босацу. Најзад, из правца истока појави се бела светла тачка, као звезда. Приближавала се брзо, растући све више и више и осветљавајући целу планинску падину. Најзад, светлост доби облик свете појаве, која је јахала на као снег белом слону са шест кљова. У следећем тренутку, слон са својим блиставим јахачем стиже пред храм и стајао је ту уздижући се као планина од месечине, дивна и тајанствена.

Тада свештеник и дечак, прострвши се по земљи, почеше да с неизмерном усрдношћу понављају свете призиве (молитве) Фуген Босацу. Али, изненада, иза њихових леђа, устаде ловац са луком у руци и, запевши га до краја, посла дугу стрелу према прилици на слону. Стрела зазвижда право на светлећег Буду, у чије се груди забоде до саме перушке. Одједном, уз звук као прасак грома, бела светлост ишчезну и визије нестаде. Пред храмом не беше ничега сем празне таме.

"О бедни човече!" викну свештеник, са сузама срама и очаја на лицу, "о пропали и грешни човече! Шта си учинио, шта си учинио, шта си учинио...!?"

Али, ловац свештеникове прекоре прими без икаквог знака кајања и љутине и рече лагано:

"Цењени господине, молим те да покушаш да се смириш и саслушаш ме. Мислио си да можеш да видиш Фуген Босацу, због заслуга стечених сталном медитацијом и рецитовањем сутри. Да је тако, Буду би видео само ти, а не ја или овај дечак. Ја сам бедан ловац и моје занимање је убијање, а одузимање живота је мрско Будама. Како бих, онда, ја био способан да видим Фуген Босацу? Учили су ме да су Буде свугде око нас и да остајемо неспособни да их видимо због своје несавршености и незнања. Ти, као свештеник чистог живота, могао би стварно да заслужиш просветљење које би ти омогућило да видиш Буде, али како би човек, који, да би преживео, мора да убија животиње, могао да стекне моћ да види светост? И ја и овај дечак смо могли да видимо исто што и ти и дозволи ми да те уверим поштовани господине, да оно што си видео није била Фуген Босацу, него утвара која је намеравала да те обмане, можда чак и да те уништи. Преклињем те да покушаш да савладаш своја осећања до зоре. Тада ћу ти доказати да је истина све ово што сам рекао."

По изласку сунца ловац и свештеник истражише место на коме је приказа стајала претходне ноћи и нађоше танак траг крви. Пратећи траг, дођоше до јазбине на неколико стотина корачаја даље и видеше труп великог јазавца, прободеног ловчевом стрелом[87].

Свештеника, иако је био учена и побожна особа, лако је обмануо јазавац. Али, ловац, незнатан и нерелигиозан човек, био је обдарен великом проницљивошћу и само уз помоћ здравог разума био је у стању да открије и уништи опасну приказу.

---

87) У Јапану се јазавци и лисице сматрају препреденим животињама, које могу да се претварају у приказе, духове и демоне.

ЖИВИ БОГ

Још од давнина, обале Јапана су у редовним вековним размацима уништавали плимни таласи, које изазивају земљотреси или подморске вулканске ерупције. То нагло, застрашујуће, подизање мора, Јапанци називају *цунами*[88]. Последњи пут, талас дужине преко две стотине педесет километара сручио се на североисточне области Мијаге, Ивате и Аомори, збрисао градове и села, уништио читаве области и однео скоро тридесет хиљада живота[89].

Прича о Гохеију Хамагућију је повест о једној таквој несрећи која се догодила давно пре ере Меиђи[90], на другом делу јапанске обале.

Био је већ старац када се појавио талас који га је учинио славним. Он је био најугледнији становник села у коме је живео и дуги низ година био је сеоски кмет - *мураоса* - , а у селу су га подједнако волели и поштовали. Људи су га углавном звали *ођиисан*, што значи деда, а, пошто је био и најбогатији човек у селу, звали су га понекад и поглавар - *ћошја*. Често је саветовао сељаке како да остваре своја права код власти, посредовао у њиховим размирицама, позајмљивао им новац кад им је био потребан и продавао њихов пиринач трговцима под најповољнијим условима за сељаке.

Велика Хамагућијева кућа са кровом од сламе стајала је на рубу платоа који је наткриљавао залив. Плато, на коме је углавном сађен пиринач, био је са

---
88) Цунами буквално значи "талас у луци". То је јапански назив, који је међународно признат за ову природну сеизмичку појаву.
89) Ово је иста јапанска област коју је 11. марта 2011. године погодио катастрофални земљотрес и цунами и опустошио је.
90) Ера Меиђи трајала је од 1868. до 1912. године.

три стране обрубљен шумовитим брежуљцима, а са стране према мору земљиште се спуштало низ зелене брежуљке, све до усека на ивици воде. Цела та падина, дуга километар и по, била је испресецана терасама па је, гледајући је са отвореног мора, личила на огромно степениште, подељено по средини цик-цак линијом - вијугавим планинским путем. Деведесет кућица са сламнатим крововима, колико је било настамби у селу, као и светилиште шинтоа[91], били су распоређени поред обале залива, а неколико кућа ређало се уз планински пут, с једне и друге стране, према поглаваревој кући.

Једне јесење вечери Гохеи Хамагући гледао је са терасе своје куће према селу, где су у току биле припреме за свечаност. Жетва пиринча била је богата и сељаци су се спремали да то прославе у сеоском светилишту. Старац је могао да види заставе[92] како се вијоре изнад кровова пустих улица, низове папирнатих лампиона разапетих између бамбусових мотки, украсе на светилишту и светле боје одеће окупљених младих људи. Те вечери цела његова породица беше рано сишла у село, а са старцем је остао само унук, дечак од десет година. Старац би и сам отишао са њима, да се тог дана није осећао мање снажним него обично.

Дан је био споран и, упркос све јачег поветарца, у ваздуху се осећала нека тешка топлота која, како мисле јапански сељаци, у одређеним годишњим добима, претходи земљотресу. И зби се земљотрес. Није био толико јак да би било кога заплашио, али старац, који је осетио стотине потреса у животу, помисли да

---

91) Шинто је стара многобожачка јапанска вера, којој су Јапанци привржени исто као и будизму, који су у 5. веку примили из Кине.
92) Те заставе, на јапанском нобори, истичу се за време свечаности, а на њима могу да буду калиграфски натписи, цртежи, или симболи.

је овај необично дугачак, спор и чак некако љигав. То је вероватно био само одраз неке много снажније сеизмичке акције, негде веома далеко одатле. Кућа се зањиха и зашкрипа, лагано, неколико пута, и онда се поново умири.

Кад потрес прође, Гохеи Хамагући погледа према мору. Било је нагло потамнело и, што је било најчудније, кретало се уз ветар. У тренутку, старац схвати да оно не само да иде уз ветар, него и лагано почиње да се одмиче од обале. За веома кратко време, изгледа да је цело село запазило овај чудан феномен, пошто сви похрлише на обалу, где су обично остављали чамце, да посматрају море. Такво кретање мора нико није видео у том крају, бар се ниједан сељанин није сећао тога. Лагано, вода се повлачила и откривала површине песка које никада није дотакло сунце и стене обрасле алгама и морском травом.

Ни сам Гохеи Хамагући никада није био видео такву појаву, али се сећао прича које му је у детињству причао деда, очев отац, и он одмах знаде шта треба да уради. Већ је вероватно био схватио да би сувише времена прошло док би стигао до будистичког храма на брду изнад његове куће и зазвонио на узбуну, па само позва унука: "Тада, брзо, запали ми бакљу? Само што брже!"

У сеоским кућама увек има борових бакљи, спремних за употребу у кишним ноћима и приликом различитих свечаности, па дечак брзо донесе запаљену бакљу и пружи је старцу. Са бакљом у руци, старац потрча према пољима где је на стотине бала већ пожњевеног пиринча чекало на транспорт. Стигавши до првих стогова сламе и хрпа сачињених од бала са пиринчем, старац поче да пали једну за другом. Трчао је од једне хрпе до друге, онолико брзо колико су ноге могле да га носе, а осушена на сунцу слама плану одмах и, после једног великог стуба дима, пламен поче да лиже у небо.

"Деда, шта ти је, шта ти је деда!?" викао је Тада, трчећи за старцем, али Хамагући није одговарао. Није имао времена да одговори, јер је једино што је мислио у том тренутку био спас за четири стотине угрожених живота. Дечак је једно време стајао и зурио запањено у старца, а онда, видевши да овај не обраћа пажњу на његове повике, потрча натраг према кући, сигуран да му је деда полудео. Старац, међутим, настави да пали хрпу за хрпом и стог за стогом, док не стиже до краја свога поља. Ту стаде, баци бакљу и чекаше.

Видео је малог ученика из будистичког храма како трчи према звону и ускоро се зачу звоњава, која, заједно са све јачим пламеном, одврати пажњу сељана од мора. Хамагући их виде како један за другим, као колона мрава, трче према брду. Иако су прилично брзо одмицали од обале, ти тренуци чинили су му се сувише дугим. Убрзо, међутим, прве групице младића почеше да пристижу падином до ивице поља, али их он заустави раширених руку: "Пустите пиринач да гори, момци, хоћу да се цело село искупи овде. У великој су опасности!"

Цело село је стизало, људи су јурили уз падину и успињали се на плато, где их је Хамагући бројао. Младићи и дечаци били су први и много млађих жена и девојака, а за њима долазили су и старији и мајке са бебама везаним за леђа. Ту је било и деце и стараца, јер су и они могли да помажу у додавању воде и гашењу пожара. Како су стизали, људи су се заустављали мало даље од старца и запањено га гледали док им је он забрањивао да гасе пожар.

"Деда је полудео, бојим га се!", говорио је Тада, око кога су се људи окупили, "видео сам кад је намерно запалио пиринач."

"Дечак не лаже", викну мирно Хамагући Гохеи, "али о томе ћемо после. Да ли су сви овде?"

"Јесте, сви су овде, или су на путу", одговорише старешине појединих група и већих породица, "само, чему све ово?"

"Ево га!" викну изненада старац из свег гласа, показујући руком према мору. "Сад ми кажите да ли сам луд!"

Сви погледаше према истоку и видеше на тамном хоризонту танку дугу линију која је изгледала као копно у даљини, копно тамо где га никада није било. Сваког тренутка та линија беше све дебља и дебља, као да копно великом брзином јури према селу. Али то не беше копно већ високи зид од воде, море које се враћало.

"Цунами!" зачу се сложни узвик из много грла. Све људе обузе ужас и, када талас тресну о обалу, прекривши цео простор на коме се налазило село, узмакнуше неколико корака, мада су ту на платоу били сигурни. За тренутак ништа није могло да се види сем облака од распршених капљица морске воде, а онда сви са ужасом видеше како море односи све за собом, па чак и читаве слојеве земљишта. Враћало се неколико пута са све мањом силином и онда се море поново врати у своје старо лежиште, још узбуркано као да се тресе и дрхти од узбуђења.

На платоу владаше мук. Сви су гледали без речи ужас који је доле испод њих владао. Тамо где су некада биле куће, беше још само пустош и само су се два сламнена крова видела како пливају далеко од обале. Све је било збрисано, па чак и терасе са њивама на падини према платоу.

"Ето зашто сам запалио ватру", рече Хамагући Гохеи, стојећи међу њима као најсиромашнији међу сиромашнима. Сва његова имовина уложена у пиринач била је нестала, али је истовремено био богат, јер је спасао четири стотине живота. Људи потрчаше према њему и чак и они најстарији бацише се на земљу пред њим у знак захвалности. Старац заплака кратко, помало зато што је био узбуђен, а мало од старости и слабости које нагло беше осетио. "Моја кућа је читава, а и храм на брду. Ту могу сви да се склоне", рече он и поведе их.

Период немаштине беше дуг, али сељани ускоро добише помоћ из других области и живот лагано поче да се нормализује. А кад дођоше боља времена, сељани не заборавише Гохеија Хамагућија. Прозваше га *даимјооћи*[93] и доносише му поклоне, верујући да је у њему свети дух. А, када поново изградише село, подигоше и храм њему у част и ту поставише таблу са његовим именом исписаним кинеским идеограмима. Никада таква почаст не би указана живом човеку.

Нико не може да каже како се старац осећао уз све те почасти, али је сигурно да је наставио да мирно живи на брду са својом децом и децом своје деце, исто онако једноставно и људски као и до тада. Већ на стотине година Гохеи Хамагући је мртав, али његов храм, кажу, још стоји и људи се и даље моле духу доброг старог човека, који је давно спасао њихове претке.

---

93) Даимјооћи је врста божанства.

ФУТОН[94] ИЗ ТОТТОРИЈА

Пре много година у тек отворену малу крчму у граду Тоттори[95] стиже први гост, један путујући трговац. Примили су га неуобичајено љубазно, пошто је власник желео да стекне добру репутацију. Крчма је била добро опремљена, али, како власник беше сиромашан, већину намештаја и потребних ствари купио је у старинарници. Све, међутим, беше веома чисто, удобно и лепо. Гост је јео са апетитом и попио доста загрејаног сакеа, после чега му припремише постељу и он леже да спава.

Кад неко попије доста топлог сакеа, ако је ноћ свежа и ако му је постеља удобна, он прилично дубоко и гласно спава. Али, гост у крчми се брзо пробуди, јер му се учини да у соби чује дечије гласове. У јапанским сватиштима зидови су од папира, па се често чује све из суседних просторија. Гост, у мраку, помисли да је могуће да су нека деца залутала у помрчини и нашла се у његовој соби, па их само благо укори и поново затвори очи.

Али, тишина је трајала само за тренутак и он опет зачу оне гласове, како изговарају исте речи као малопре:

"Ани сан, самукаро?" (Старији брате, да ли ти је хладно?)

"Омае самукаро?" (А теби, да ли ти је хладно)?[96]

---

94) Футон - јапански јорган и душек - истовремено. Јапанци немају кревете, већ постељу простиру по поду који је прекривен татамијем (асурама разапетим на рамовима стандардне величине и пуњених сламом). Прво се простре један или два футона, преко њих чаршав, а покрива се још једним футоном.

95) Писац употребљава реч јадоја, која означава неку врсту класичног јапанског хотела - свратишта у коме се поред преноћишта могу да добију и јело и пиће. Тоттори је веома слабо настањена област област у планинама, према Јапанском мору.

96) Самукаро је упрошћени облик од "самуи даро" или "самуи дешчо", што значи "Хладно је зар не?".

Гост устаде, упали свећу и погледа по соби. Није било никога, а помични зидови према осталим собама беху затворени. Претражио је и плакаре, али они беху празни. Збуњен, гост поново леже, остављајући свећу да гори, али чим је спустио главу на јастук, зачуше се поново они гласови:

"Ани сан, самукаро?"

"Омае, самукаро?"

Онда гост по први пут осети неку језу, али не језу која је долазила од ноћне свежине. Слушао је те гласове и плашио се све више и више, јер схвати да гласови долазе из прекривача!

Он брзо покупи ствари и, сишавши у приземље, пробуди газду. "Поштовани гост мора да је попио сувише сакеа, кад сања такве снове", било је једино што је газда могао да каже, покушавајући да умири госта. Али, овај је инсистирао да плати и да одмах оде, да тражи други смештај.

Следеће вечери наиђе други гост и затражи преноћиште. У касне сате и он пробуди власника са истом причом. А, овога пута, што још беше чудније, гост уопште није пио пре спавања. Ту само што не дође до сваође, јер ојађени власник помисли да је све то део неке завере којом непријатељи хоће да га униште.

Међутим, кад и овај гост крете да тражи други смештај, власник најзад оде до собе да боље погледа тај прекривач. И док је гледао по соби и он зачу гласове, схвативши да су оба госта говорила истину. Проверио је и друге прекриваче, али је био само један из кога су се чули гласови. Однео га је у своју собу и до зоре је могао само да слуша гласове који су говорили:

"Ани сан, самукаро?"

"Омае, самукаро?"

У зору, власник устаде и оде до старинарнице, у којој је купио прекривач. Продавац није могао да објасни чудну појаву, јер је он прекривач такође купио од једног препродавца из предграђа. Власник крчме крете за његовим трагом, распитујући се, и најзад сазнаде да је прекривач припадао сиромашној породици која је становала код једног газде.

Кирија коју је породица плаћала била је само шездесет сена[97] месечно, али чак је и то била велика сума за сиромашке. Отац је зарађивао само два-три јена месечно, а мајка беше болесна и није могла да ради. Имали су два сина, једног од шест и другог од осам година, и били су дошљаци у Тоторију.

Једне зиме и отац се разболе и умре после само недељу дана. Сахранише га, а за њим крете и мајка, остављајући децу саму. Пошто нису имали никога коме би се обратили за помоћ, они почеше да продају једну по једну ствар из куће.

Није било много ствари за продају, само оскудна одећа оца и мајке и нешто њиховог одела, мало посуђа и осталих ситница. Сваког дана су продавали по нешто, док им на крају не остаде само један једини прекривач. И дође дан кад више нису имали шта да једу, а кирија не беше плаћена. Баш тада дође доба које Јапанци зову

---

[97] Сен је јапански ситан новац, који више није у употреби. Један јен, садашња основна јапанска валута, био је вредан сто сена.

даикан[98], период највеће хладноће, и снег напада толико, да им није дозвољавао да изађу из куће. Тако су лежали испод покривача и заједно дрхтали, храбрећи један другог:

"Ани сан, самукаро?"

"Омае, самукаро?"

Нису имали горива за ватру и тама дође, а ледени ветар уз крик продре у кућицу у којој су дечаци живели. Плашили су се хладноће и ветра, али још више од кућевласника, који изненада наиђе да им затражи кирију. Био је тврд човек са веома злим лицем и, схвативши да дечаци немају новца, избаци их на снег, отевши им једини прекривач који су имали.

Дечаци су већ сву одећу били продали да би купили храну и на себи су имали само по један танки плави кимоно. Нису имали где да оду. У близини је био храм богиње Кванон, али је снег био сувише нападао да би могли да газе по њему. Зато, кад је газда закључао врата за собом, они се завукоше иза куће. Ту су заспали, загрљени, покушавајући да загреју један другог. Док су спавали, богови их покрише новим прекривачем, чудесно белим и лепим. Спавали су ту много дана, док их најзад не пронађоше и не сахранише у гробљу храма богиње Кванон – богиње са хиљаду руку.

Кад саслуша ту причу, власник крчме однесе прекривач у храм и плати да се говоре молитве за душе умрлих дечака. Отада, кажу, прекривач престаде да говори.

---

98) Даикан - велики мраз, пада у јануару, а Јапанци верују да је то најхладнији дан у години. Необично је (али интересантно) што је даикан увек на дан нашег православног празника Светог Јована, када се у Србији сматра да је најхладнији дан (Светојовански мраз) у години.

НА ЖЕЛЕЗНИЧКОЈ СТАНИЦИ

Јуче је из Фукуоке јављено да ће злочинац који је дуго тражен и ухваћен у том граду, бити спроведен у Кумамото, где је требало да му се суди. Један полицајац из Кумамотоа требало је да стигне са њим возом из Фукуоке данас око подне[99].

Пре четири године, снажни провалник упао је у кућу у Кварту рвача[100] у Кумамотоу, везао станаре и однео више вредних ствари. Полиција га је пронашла и ухватила за мање од двадесет четири часа, тако да није успео да се ослободи плена. Док су га спроводили у полицијску станицу, олабавио је везе на рукама, отео мач свога спроводника, убио га и побегао. Нико отада није ништа чуо о њему.

Онда је један детектив из Кумамотоа, који је случајно свратио у затвор у Фукуоки, међу затвореницима видео лице које је још од пре четири године било урезано у његовом мозгу.

"Ко је онај човек:", запитао је чувара.

"Неки лопов", гласио је одговор, "овде је записан као Кусабе."

Детектив је пришао затворенику и рекао му:

---

99) Лафкадио Херн је део живота провео у граду Кумамото, на крајњем југозападу Јапана. И Кумамото и Фукуока су велики градови на једном од четири велика јапанска острва Кјушју, веома далеко од старе престонице Кјота, Јокохаме или Токија – где су углавном живели странци у тадашњем Јапану. Херн је сматрао да у унутрашњости земље има више прилике за истраживање правог духа Јапана, чија је вестернизација отварањем Јапана према свету после такозване реформе Меиђи (1868) увелико била одмакла.
100) Кварт рвача - у Јапану улице обично немају имена, већ се адресе означавају бројевима или именима блокова, квартова итд. Херн у оригиналном тексту употребљава назив Улица рвача, али у Кумамотоу не постоји таква улица, већ кварт који се зове Сумођио, што би значило кварт сумоа, или кварт рвача сумоа.

"Ти се не зовеш Кусабе, већ Теиђи Номура. У Кумамотоу те траже због убиства."

Лопов је одмах признао све.

*****

Отишао сам у подне на станицу, на којој се окупило много света, који је желео да види убичин долазак. Очекивао сам да ће људи бити бесни, љути, плашио сам се, чак, да би могло да дође до насиља. Убијени полицајац је био омиљен међу становништвом, а међу људима на станици мора да је било и његових рођака. А, познато је да гомила у Кумамотоу није уопште нежна. Мислио сам, такође, да ће затвореника обезбеђивати много полицајаца. Преварио сам се.

Воз се зауставио и настала је уобичајена сцена пуна журбе, буке, комешања, и клопарања нанула, вике дечака који су продавали новине и клакер101. Прошло је скоро пет минута, а онда се, док га је полицајац иза њега гурао, појавио затвореник, крупан човек дивљег изгледа, са погнутом главом и рукама везаним позади. Затвореник и полицајац зауставише се на излазу, а народ који је чекао, крену према њима. Али у тишини.

Онда полицајац узвикну:

"Сугихара сан! Сугихара О Киби сан[4]! Да ли је присутна?"

---

101) У Јапану је у 19. веку почело да се производи и продаје популарно пиће под називом рамуне, донето из иностранства, што је уствари јапанизовани изговор речи лимунада. Ради се уствари о клакеру, обојеној заслађеној сода-води, која се у Србији до 70-тих година 20. века продавала у содаџијским радњама и на вашарима. У Јапану још и данас у ретким приликама, приликом свечаности и окупљања, можете да попијете клакер, из флашице од тамнозеленог дебелог стакла, коју херметички уз помоћ вакуума затвара стаклени кликер.

Мала, мршава жена, која је стајала близу мене са дететом на леђима, прогура се кроз гужву. "Хаи"[102], рече она. То је била удовица убијеног полицајца, а дечак, кога је носила, био је његов син. Било је довољно да полицајац махне руком и гомила се повуче, остављајући празан простор око затвореника и његовог спроводника. У том празном простору стајала је жена са дететом, суочена са убицом. Настаде гробна тишина.

Онда полицајац проговори, али не жени, већ обраћајући се детету. Говорио је тихо, али тако јасно да сам могао да чујем сваку реч.

"Дете, ово је човек који ти је убио оца пре четири године. Ти тада ниси био ни рођен, био си у мајчиној утроби. Овај човек је крив што сада немаш оца кога би волео. Погледај га добро мали, не плаши се! То је болно, али је то твоја дужност. Гледај га!"

Дечак је зурио испред себе преко мајчиног рамена, као да се нечега плаши, а онда поче да плаче. Сузе су навирале, али, као да је све схватио, он је и даље гледао, гледао непрекидно у лице испред себе.

Гомила, која је то гледала, као да је зауставила дах.

Тада угледах затвореника како му се лице грчи и, изненада, он паде на колена, не марећи за везе које су га спутавале. Он лицем поче да удара у прашину испред себе и да виче гласом пуним скрушеног кајања:

"Опрости ми, опрости ми, опрости ми мали! Нисам

---

102) Јапанке и дан данас често децу носе на леђима, привезану посебним каишевима. За зиму мајке у Јапану имају посебне капуте, са много ширим леђима, који могу да обухвате и дете. Деца се на леђима носе скоро док не пођу у школу, па није чудно што ова мајка носи на леђима дете које има бар пуне три године. Хаи значи да, на јапанском.

то учинио зато што сам га мрзео. То је све било из страха. Био сам лудо уплашен и желео сам да побегнем. Много сам био зао, много зао! Учинио сам ти неизрециво зло и због тога греха ћу умрети. Ја желим да умрем, мило ми је што ћу умрети. Због тога ми опрости, молим те мали, опрости ми!"

Дете је и даље тихо плакало. Полицајац подиже злочинца који се сав тресао, а људи се тихо размакоше да их пропусте. Онда, изненада, сви који су стајали около почеше да јецају. И док је полицајац пролазио, поцрнео и снажан, видео сам нешто што вероватно више никада нећу видети, сузе јапанског полицајца.

*****

Гомила се лагано растурала и оставила ме у недоумици око чудне моралности онога што сам видео. То је била неопоколебљива правда, али истовремено правда која сажаљева. Правда која приморава посматрача да, макар и на патетичан начин, схвати последице злочина. Била је ту и очајничка грижа савести човека који је, пре него што ће да умре, молио једино за опроштај. И била је ту гомила људи, можда најопаснија гомила у јапанској империји када се разбесни, која схвата све, коју дира све, задовољена скрушеношћу и стидом злочинца, гомила испуњена не срџбом, већ жалошћу због беде злочина. Све то кроз једноставно, али дубоко искуство, које доносе тешкоће живљења и слабости човекове природе.

Али најтипичније од свега, можда најоријенталније од свега, била је грижа савести коју је окорели злочинац осетио кад су у њему самом потакнути родитељски осећаји. Та потенцијална љубав према деци једна је од најкарактеристичнијих особина сваког Јапанца.

Прича се да је најпозантији јапански разбојник Гоемон Ишикава ноћу упао у једну кућу, са намером да краде и убија. Али толико га је опчинила беба која је, будна, пружила ручице према њему, да је остао да се игра са њом, све док се укућани нису пробудили и он више није могао да спроведе првобитну намеру.

Није тешко веровати оваквим причама. У полицијским записима има редовно помена о симпатијама које професионални криминалци показују према деци. Пре неколико месеци у локалним новинама објављено је да је цела једна породица убијена. Разбојници су упали у кућу и буквално исекли на комаде седам чланова једне породице, док су ови спавали. Али, полицајци су у бари крви пронашли дечака, потпуно неповређеног, како плаче. И нашли су, такође, довољно трагова који су показивали да су разбеснели криминалци, док су убијали, велику бригу водили, да не повреде дете.

Седмог дана, седмог месеца -

двадесет шесте године ере Меиђи[103]

---

103) Херн је датум писања овог текста обележио на јапански начин. Он је писан 7. јула 1894. године.

МОЈ ПРВИ ДАН НА ИСТОКУ

одломак

„Ни случајно немојте да пропустите да своје прве утиске запишете што пре будете могли", рекао ми је љубазно професор, Енглез кога сам имао задовољство да упознам убрзо пошто сам стигао у Јапан[104]. „ Они су, знате, непостојани; кад једном ишчиле, никад Вам се више неће вратити; а ипак од свих чудних осећања која Вас могу обузети у овој земљи, ни једно неће бити толико опчињавајуће".

Сада покушавам да их оживим уз помоћ кратких забележака из оног времена, и налазим чак да у већој мери измичу него што очаравају; нешто је испарило из свих мојих сећања на њих — нешто чега је немогуће сетити се. Нисам послушао пријатељски савет, иако сам био чврсто решио да по њему поступим: нисам могао, тих првих недеља, да се помирим да останем у кући и да пишем док још толико тога има да се види и чује и осети на сунцем натопљеним улицама чудесног јапанског града. Па ипак, и кад бих могао да се сетим свих тих заборављених осећања током тих првих искустава, сумњам да бих могао да их изразим и да их искажем речима. Прва очараност Јапаном, неопипљива је и неухватљива као парфем.

За мене је све то започело првом вожњом курумом[105],

---
104) Ради се о професору Базилу Холу Чемберлену, који је предавао јапанску књижевност на Токијском царском универзитету, за кога је Херн имао препоруку од заједничких познаника. Чемберлен је помогао Херну да добије свој први посао у граду Мацуе, а касније и да се запосли као предавач на Токијском царском универзитету.
105) Рикша или ђинрикша су двоколице, које вуче један човек. Нека врста примитивног јапанског таксија.

изван европске четврти Јокохаме у јапански град; и све чега могу да се присетим ставио сам на папир како следи.

I

Човек је веома изненађен када први пут путује јапанским улицама - неспособан да свом возачу рикше икако саопшти било шта осим мимиком, избезумљеним покретима, да вози било куда, свуда, јер је све неизрециво угодно и ново - када човек стекне први утисак правог осећања да је на Оријенту, на том Далеком истоку о којем је толико много читао, о којем је тако дуго сањарио, па ипак, који је, у шта се као очевидац осведочио, сасвим непознат. Романтична је чак и прва потпуна свесност о тој мање или више обичној чињеници, али у мени се свест о томе преобразила необјашњивом божанском лепотом дана. Има неке неизрециве милине у јутарњем ваздуху, свежем од хладноће јапанског пролећа и таласа ветра са снежног врха Фуђија; милина која можда настаје због најфиније прозрачности, са само малим наговештајем плаветнила у себи, у којој се најудаљенији објекти јављају у жижи са задивљујућом јасношћу. Сунце је само угодно топло; ђинрикша или курума је најудобније мало возило које се може замислити; а поглед на улицу, гледану изнад печуркастог шешира који поиграва, шешира мог возача у сандалама, има такву привлачност да сам мислио да никад нећу моћи да је заборавим.

Све се чини вилинско; јер све је као и сви што су, мало и чудно, и тајанствено: мале куће под својим малим плавим крововима, мале фирме продавница обојене у плаво, и насмешени мали људи у својим плавим оделима. Илузију једино разбија наилазак високог странца, и разни називи продавница који садрже обавештење на апсурдном енглеском. Поред тога, таква неслагања служе само да истакну стварност; она никада стварно не умањују фисцинантност чудних уличица.

Та, у самом почетку дивна и чудновата збуњеност када погледате низ неку од њих, кроз бесконачно лепршање застава и њихање тамноплавог платна, постаје предивна и тајанствена због јапанских или кинеских писмена. Јер ту не постоје очигледни, непосредни закони о градњи или украшавању; чини се да свака кућа има сопствену фантастичну љупкост; ништа у потпуности није налик нечем другом, и све збуњује необичношћу. Али постепено, када у кварту проведе један сат, око некако магловито почиње да разазнаје некакав општи план у грађењу тих ниских, светлих древних кућа са чудноватим забатима, који су већином необојени, са првим спратом који је сав отворен према улици, и са танком траком крова, која се над сваком продавницом надвија као надстрешница, иза које су папиром застрти минијатурни балкони на другим спратовима. Почињете да разумевате једноставан распоред мајушних продавница, са застртим подовима, прилично издигнутим изнад нивоа улице, и општи, вертикални распоред знаковног писма, било да се таласа на текстилној роби или да светлуца са позлаћених или лакираних огласних табли. Примећујете да иста јака тамноплава која преовлађује у народној одећи такође влада и међу текстилном робом, иако овде провејавају и друге боје — светло-плава и бела и црвена (нема ни зелене ни жуте). И тада такође примећујете да је одећа на радницима исписана истим прелепим писмом као и текстилна роба у радњама. Ни једна арабеска не оставља такав утисак. Када су приправљени у сврху украшавања ти идеограми су тако симетрични, како ни један цртеж који не значи ништа, не може бити. Када се налазе на леђима радничких огртача - најчешће бели на тамноплавом и довољно велики да се могу прочитати са велике даљине (указујући на неки цех или компанију којима власник одеће припада као члан, или је у њима запослен), они јефтиној одећи дају лажни изглед сјаја.

И коначно, док се још увек ишчуђавате тој тајанствености ствари, као откровење ће вам доћи сазнање да већи део невероватне сликовитости тих улица једноставно потиче од раскоши кинеских и јапанских идеограма у белој, црној, плавој или златној боји, који украшавају све - чак и површи довратака и застора од папира. Можда ћете тада, за тренутак, замислити утисак који би оставило енглеско писмо уместо тих магичних знакова; и од саме те помисли, без обзира какво естетско чуло имали, доживећете бруталан шок, и постаћете као што сам и ја постао, непријатељ Ромађи-каи, тог удружења основаног са глупом утилитаристичком сврхом увођења употребе енглеских слова у јапанско писмо.

II

Идеограм у уму Јапанца не производи ниједан утисак који би наликовао онима што их у уму западњака остављају слова или комбинације слова — мутни, мртви симболи звукова гласова. За ум Јапанца идеограм је жива слика: он живи; говори; гестикулира. И читав простор јапанске улице пун је таквих живих знакова - фигура које довикују очима, речи, које се смеше или креваље као лица.

Шта је то писмо, у поређењу са нашим беживотним штампаним словима, могу да разумеју само они који су живели на Далеком истоку. Јер чак ни одштампани идеограми увозних јапанских или кинеских текстова не наговештавају утисак могуће лепоте истих тих знакова кад су прилагођени за декоративне натписе, за коришћење у обликовању, или за најобичнију намену оглашавања. Ни једно круто правило не спутава машту калиграфа или креатора: сваки од њих се бори да начини слова лепша од свих других; и из генерације у генерацију уметници су од памтивека тешко радили као да се такмиче, тако да су се током векова и векова неуморних настојања и проучавања примитивни хијероглифи или идеограми развили у нешто чија је лепота неописива. Састоје се само од извесног броја потеза четком; али у сваком потезу постоји једна неодгонетљива тајна мајсторства лепоте, пропорције, неприметне закривљености, која стварно делује тако да изгледа живо, и која сведочи да је чак и током тренутка просветљења када га је стварао, уметник својом четком додиривао идеалном линијом потеза подједнако читавом његовом дужином, од почетка до краја. Али уметност потеза није све; мајсторство њиховог комбиновања је оно што опчињава, што подједнако запрепашћује и саме Јапанце.

Доиста не изненађује што с обзиром на чудноват личан, надахнут, езотеричан аспект јапанског писма, постоје чудесне легенде о калиграфији које говоре о томе како се речи које су писали свети мајстори отеловљују и силазе са својих плоча да би разговарале са човечанством.

О ЖЕЉИ ДА СЕ ДОХВАТИ МЕСЕЦ

I

Имао је две године, када ми је — у складу са законом вечног понављања — затражио Месец. Бранио сам се мало глупо:

„Не могу да ти дам Месец, јер је превише високо. Не могу да га дохватим".

Он ми одврати:

„Ако би узео веома дуг бамбус, вероватно би могао да га дохватиш и да га обориш на земљу". Рекох му:

„Не постоји толико дугачак бамбус".

Предложио ми је:

„Кад би се попео на врх крова, вероватно би могао да га дохватиш бамбусом".

Тада сам већ био присиљен да изнесем неколико приближно истинитих поставки, које су се односиле на природу и положај Месеца.

Размишљао сам о чудној опчињености свих живих бића светлошћу, инсеката, риба, птица, али и сисара, и покушао сам да то објасним неким наслеђеним сећањем на светлост, која је у вези са храном, водом и слободом. Мислио сам о безброј генерација деце које су од родитеља тражиле Месец, и на безбројне генерације родитеља које су се смејале тој жељи.

И тада сам приступио следећем размишљању:

Имамо ли ми уопште право да се смејемо дечијој жељи за Месецом? Ниједна жеља није природнија од те. А, што се тиче њене неостварљивости, зар и ми, поодрасла деца, не гајимо једнако наивне жеље, које уколико се остваре могу једино да нам нанесу бол, као што је жеља за продужавањем чулног живота и после смрти. Или индивидуалност, која нас је једном све навела да пожелимо да се играмо Месецом, и често нас заводила на још далеко мање угодан начин?

Колико год се простом емпиријском закључивању дечија жеља за Месецом могла чинити луцкастом, мислим да нам најузвишенија мудрост налаже да желимо још много више од Месеца, чак више од Сунца и звезде Данице и целог Небеског света.

II

Сећам се да сам као дечак, лежећи на леђима у трави, док сам пиљио у летње плаветнило нада мном, жудео да се стопим са њим и да сам био његов део. Верујем да је мој учитељ веронауке био ненамерно одговоран за таква маштања. Покушао је да ми објасни нешто што је назвао „глупошћу и грешношћу пантеизма", а исход је био да сам у осетљивом добу петнаестогодишњака, сместа постао многобожац. И моје маштарије ускоро су ме навеле не само да желим да се играм на небу, већ да постанем Небо!

Сада сматрам да сам у оно време одиста био близу велике истине, додиривао је заправо, ни најмање не сумњајући да она не постоји. Мислим на истину да је жеља да се постане прилична разуму и његовој величини, или, другим речима, да што више желиш да будеш, то си мудрији; док жеља да се има бива углавном сразмерно глупа својој величини. Космички закон допушта да поседујемо само неке од безбројних ствари које желимо, али ће нам помоћи да постанемо све што бисмо можда могли пожелети да будемо. Ограничена је и слабоумна жеља да се има: али је снажна вечна жеља за постањем; па ће свака смртна жеља да се постане, као последицу имати остварење. Кад желите да постанете, од монаде[106] бива слон, орао, или човек. Желећи да постане, човек ће бити Бог. Можда на овој сићушној лопти, коју осветљава само десет процената жутог сунца, он неће имати времена да постане Бог; али ко сме да тврди да га његова жеља неће бацити у моћније системе осветљене огромним сунцима и ту га променити и дати му обличја и моћи божанства? Ко може да тврди да га његова жеља неће разбити изван Граница Облика и сјединити га са Свемоћи? А Свемоћ, и без питања, може имати много светлије и веће играчке него што је месец.

Вероватно је све само питање жеље, под условом да желимо не да имамо већ да постанемо. Већина жалости у животу сигурно настаје због погрешне жеље и због срамне безвредности жеља. Чак су и жеље да се буде апсолутни господар и да се поседује цела земља, јадне и просте жеље. Морамо да научимо да одгајамо много веће жеље! Верујем да морамо да пожелимо да постанемо цео Универзум са хиљадама милиона његових светова, и више од универзума, или миријада универзума, и више чак и од Простора и Времена.

---

106) Монада – једноћелијски организам\

III

Можда моћ да се тако жели зависи од нашег схватања духовности материје. Некада су људи духовно поседовали све облике и кретања и изразе природе: камен и метал, траву и дрво, облак и ветар, небеске светлости, шапат лишћа и вода, одјеке брда, буран говор мора. Тада су по свом сопственом уображењу постали мудрији, тада су исто тако постали слаби у вери; а говорили су о „Беживотном" и „Непокретном", које не постоји, и разговарали су о Снази као о нечем различитом од Ствари и о Уму који је различит од обоје. Па ипак, ми сада откривамо да су примитивна сањарења, после свега, била ближа могућој истини. Ми не можемо данас да мислимо о природи сасвим исто као што су мислили наши преци; али налазимо да смо обавезни да о њој размишљамо на далеко тајанственији начин; и каснија открића наше науке поново су оживела не мали део примитивне мисли, и улила јој нову и ужасну лепоту. А, у међувремену, та стара дивљачка саосећајност са дивљом природом која извире из најдубљег врела нашег бића, која увек расте с нашим растом, која јача како ми јачамо, све се више развија са еволуцијом наше високе чулности - изгледа да је предодређена да се на крају узвиси до облика космичке емоције, да се распростре и одговори бесконачности.

Зар никад нисте размишљали о тим прастарим осећањима? Зар нисте никада осетили, када сте посматрали неки велики пожар, како без грижe савести ликујете у знак победе и славе ватре? Зар никад нисте несвесно жудели за мрвљењем, разарањем, извијањем гвожђа, за силином која лаким додиром ломи гранит? Зар никад нисте били усхићени бесом и ужасном дивотом њених фантазмагорија, бесом и јуришањем њених змајева, чудовишношћу њених зуба, сабласним летом и лепотом њених језичака? Зар нисте никада, док вам ветар са брегова бруји у ушима, пожелели да јашете тај ветар као дух, да на њему вриштите око врхова, да са њим почистите лице света? Или, посматрајући подизање, сакупљање, гунђаву навалу, грмљавину и проламање, зар нисте осетили никакво нагонске сродство са тим огромним кретањем, зар нисте пожелели да скачете са тим дивљим белим бацакањем, и да се придружите том моћном узвику? . . . И сва слична прастара узбудљива саосећања са блиским природним силама, и осетили жудњу коју ограничава једино наша немоћ да знамо? Да знамо етар - што дршће од звезде до звезде; да схватимо његову осетљивост, његова прожимања, његове промене; и етарске наклоности ће се развити. Познавање сила које обрћу сунца; и одмах се достиже и јединство с њим.

И, штавише, зар такав напредак не наговештава непрекидно ширење кроз све векове мисли проповедника и песника? У познијем смислу Живота-као-Јединства које укључује или преображава прастари детињасти осећај живота као личног? Тоном нове усхићености лепотом света, преовладава старо обожавање лепоте људског. У великој савременој радости пробуђеној цветањем зора, цветањем звезда, свим треперењима боја, свим дрхтајима светлости; и није ли сама та ствар, та појединост, та појава све више и више проучавана због њене моћи да очара, и све се више и више проучава као један карактер у тој загонетки у којој су све појаве само идеограми?

Не! Сигурно мора доћи време када ћемо желети да будемо све што постоји, све што је одвајкада познато, прошлост и садашњост и будућност у једном, сва осећања, борбе, размишљања, радости и патње, и све биће Део, и посвуда Целина. И пред нама ће се са растом те жеље, постепено проширити бескраји.

И ја ћу, чак ћу и ја! умећем те жеље, постати сва обличја, све силе, сва стања: Етер, Ветар, Ватра, Вода, Земља, сва видљива и невидљива кретања, све вибрације зване светлост, боја, сонорност, жарење, све дрхтаве, продорне твари, све осцилације које се оцртавају у црнилу, као ђаволска визија икс зрака.

Умећем те жеље постаћу Извор свега што постаје, што ишчезава. Моћ која обликује, Моћ која растапа, Стварајући, сенима свог сна, живот који ће нестати када се пробудим. И као фосфоресцентне светлости у струјама поноћног мора, тако ће исто светлуцати и пулсирати и проћи, у мом Океану Смрти и Рађања, билиони запаљених сунаца, ковитлање трилиона светова... .

IV

„Па", рекао је мој пријатељ, коме сам прочитао ове маштарије, „има у твојим сањаријама нешто будизма, иако ми се чини да си намерно избегао неколико важних ставова учења. На пример, морао би знати да се Нирвана никад не постиже жељом, већ не жељењем. Оно што ти називаш „жељом за постањем" може нам само помоћи као светиљка на тамном делу Пута. Што се тиче жеље за Месецом, мислим да си морао видети многобројне старе јапанске слике мајмуна који посежу за одразом Месеца у води. Ту се ради о будистичкој параболи: вода је фантомско кретање осећања и идеја; Месец је, а не његова Искривљена слика, сама Истина. И твој западни филозоф је заиста подучавао будистичкој параболи када је човека прогласио за вишу врсту мајмуна. Јер у овом свету Илузија, човек је одиста само мајмун, који покушава да у води дохвати одраз Месеца."

„Заиста је мајмун", одговорио сам, „али је мајмун богова, чак је божански мајмун из Рамајане, који може да дохвати Сунце!"

ЛАФКАДИО ХЕРН – Тумач Јапана

ЖИВОТ И СТВАРАЊЕ

Писац ове књиге - Лафкадио Херн, имао је живот, који је исто тако необичан као што су необична и оригинална већина његових дела. За само нешто више од 53 године живота, живео је на четири, веома различита поднебља, која је, свако од њих, извесно време, сматрао својим завичајем.

Написао је на хиљаде новинских текстова и чланака објављених у часописима, превео и написао неколико десетина књига. Био је одличан новинар, књижевни и уметнички критичар, приповедач, антрополог, професор енглеске и америчке књижевности, тумач и познавалац Јапана. Данас су његова дела, више од сто година после смрти, незаобилазно штиво онима који желе да боље упознају и разумеју Јапан, његову традицију, културу, обичаје, начин размишљања и карактер те необичне нације. У токијским књижарама које продају књиге на енглеском језику, на полицама је и даље највише књига о Јапану, његовој традицији и култури, које је написао Лафкадио Херн, а многе од његових књига, иако су резултат увида у јапанску литературу, или (условно речено) преводи јапанске усмене или писане књижевности, преведене су касније поново на јапански језик.

Лафкадио Херн се родио 27. јуна 1850. године на острву Лефкада (Леукадија, Лефкадија, Лефкада, Леукас) у Јонском мору, по коме је и добио име - Лафкадио. Острво, са кога се, по легенди, песникиња Сафо бацила у море, налази се тридесетак километара северно од острва

Итака, на коме је, такође према предању, живео Одисеј. У време када се Лафкадио родио, острво Лефкада се звало Санта Маура и било је део територије под британском управом. Кроз историју, Лефкада је била део Византије, освојили су је Турци, а онда је припала Млетачкој републици, да би била под британском управом до 1864. године.

Његов отац Чарлс Буш Херн, Ирац, био је хирург са официрским чином у Британској армији, а на Јонским острвима био је стациониран од 1846. године. Имао је 30 година када је на улици у Лефкади случајно срео лепу црнооку девојку, која се звала Роза Казимати. Роза је тада имала 25 година, била је прилично тамне пути, говорила је грчки јонски дијалект и италијански језик. Иако је њена породица била од извесног угледа, Роза никада није научила да чита или пише.

Девојка је убрзо остала у другом стању, а њен старији брат је претукао Ирца, за кога се утврдило да је "кривац". Роза је, ипак, отишла да живи са странцем. Венчали су се 25. новембра 1849, без присуства родбине, у православној цркви, мада нема информација да је Чарлс Херн икада прешао у православље. Прво дете у том браку, дечак, умро је пре него што је напунио годину дана, а 27. јуна 1850. године, Роза је већ родила другог сина, коме је дала име Патрик Лафкадио. Крстила га је у истој православној цркви у којој се венчала, а са дететом је остала сама на острву, јер јој је муж био прекомандован на острва Доминика и Гренада, у Британској Западној Индији. Жену и дете није повео са собом, јер брак није био пријавио својој команди.

Први завичај Лафкадија Херна била је, значи, Лефкада, острво у Јонском мору, где је слушао грчко-италијански говор своје мајке, упијао атмосферу и мирисе Средоземља. Већ у јулу 1852, када је Лафкадио имао само две године, са мајком је био послат у Даблин, у Ирску, код очеве мајке. Многобројна породица, веома образована и некада веома имућна, била је шокирана појавом младе жене тамне пути и њеног такође тамнопутог детета коврџаве косе, који су деловали више него егзотично и са којима су тешко могли да се споразумеју. Ангажовали су преводиоца, Ирца који је одлично говорио грчки, али који никако није разумео дијалект којим је говорила њихова необична снаја. А, када су покушали да се споразумеју тако што су јој исписивали оно што су желели да кажу, схватили су да је она потпуно неписмена.

Као тврди протестанти, Чарлсови рођаци су били запањени чињеницом да се Роза непрекидно крстила у свакој прилици, а и молила пред иконицом Богородице, коју је стално носила са собом. Нису волели ни разумели њу и њено необично дете, па је она почела да показује знаке дубоке депресије, ту на негостољубивим северним острвима, са много магле и мало сунца, и у породици која није могла да је прихвати. Тукла је дечака, једанпут покушала самоубиство. Најзад је нашла уточиште код Чарлсове тетке Саре Холмс Бренан, која је такође живела у Даблину, али је припадала Римској католичкој цркви, као и њен покојни муж, па је лакше могла да разуме дошљакињу. Роза се са дететом преселила код ње и ту остала, све док јој муж није дошао и повео је са собом.

Али, срећа је поново кратко трајала. Чарлс је прекомандован на Крим, а Роза, поново трудна, отишла је у Грчку, да обиђе рођаке. Тамо је родила трећег сина Џејмса, али је, пре него што је могла да помисли на повратак у Даблин, сазнала да јој је муж поништио брак и одрекао је се. Темпераментна и још лепа, врло брзо је нашла другог мужа, пореклом Италијана, али он је као услов за склапање брака поставио захтев да она оба сина пошаље оцу у Ирску.

Тако је Лафкадио добио нови стални завичај и дом у теткиној кући у Даблину, где је био веома миран и дисциплинован, али где је непрекидно патио за мајком, чију је иконицу Богородице стално носио са собом. Роза је неколико година касније дошла у Ирску, покушавајући да види децу, али јој мужевљева породица није дозволила да им приђе. Врло брзо, Лафкадија су раздвојили од млађег брата, кога никада више није видео, али са којим се касније дописивао. У једном писму говорио му је о мајци, њеној љубави, али и о њеним грубостима и повременим изливима беса. Такође, признао му је да мисли како је од ње наследио све добро што у себи има: љубав према људима, лакоћу комуникације, разумевање разлике између добра и зла, однос према лепоти у природи и љубав према уметностима, способност да разуме и лако учи стране језике. Од оца је добио систематичност и одмереност, особине које су касније такође одредиле његову будућност, али је неколико пута признао да га никада није волео.

Оно што је Херн добио у Ирској било је темељно образовање. Лафкадио (док је био у Ирској сви су га искључиво звали Патрик) је имао пет година када је остао са 64-годишњом тетком, која није имала своје деце и са којом је био сам у огромној двоспратној мрачној кући, у којој се бојао мрака и духова, а тетка је од овог страха покушавала да га "излечи" тако што га је затварала у мрачној соби. Али, у кући је била и велика библиотека, која је, делом, заслужна за дечаково широко и квалитетно образовање. Поред тога, брзо је добио кућног учитеља, који га је подучавао наукама и уметности. Велики део оних знања о грчкој, римској и уметности Ренесансе, о европској књижевности, религијама, Лафкадио је добио баш у тој библиотеци мрачне теткине куће у Даблину.

Иако је тетка била уверена да ће Лафкадио бити њен једини наследник, када је напунио дванаест година, у њеном животу се, после дужег периода без икаквих контаката, појавила мужевљева родбина, која ју је прво наговорила да Лафкадија пошаље у римокатолички колец у Иветоу у Француској, а онда је убедила да им препише цело имање. Лафкадио је у Иветоу научио француски језик, много о француској књижевности, па је касније преводио дела Гија де Мопасана, који се у исти колец уписао само неколико месеци после његовог повратка у Ирску.

За време наставка школовања у Ирској, Лафкадију се догодила несрећа, која ће, такође, на неки начин, одредити његов даљи живот. У надвлачењу конопцем у школском дворишту, повредио је лево око (мада неки извори тврде да га је у око намерно ударио школски друг). Лекари су операцијом покушали да му око спасу, али нису успели, па је Херн отада видео само десним оком. Због тога се до краја живота фотографисао само из десног профила, јер никако није желео да му се види то лево, слепо око. Успомене из тог доба говоре о Лафкадију као необичном ексцентричном дечаку, који се понашао другачије од својих вршњака, али је, истовремено, био најбољи у писању школских састава и победник у многим дискусијама током наставе.

Када је Лафкадио имао седамнаест година, породица теткиног мужа је упала у финансијске тешкоће и исписала га из колеца, а 1869, у време када је имао непуних деветнаест година, купили су му карту за брод у једном правцу до Њујорка, са адресом једног даљег рођака у граду Синсинатију, дали му нешто мало новца за пут и послали га заувек из Ирске.

Лафкадио Херн је стигао у Синсинати, где га је рођак примио у свом стану, само на неколико минута, дао му 5 долара и послао га на улицу. Никада се више нису видели.

Описујући град у који је Лафкадио стигао, један од његових биографа цитира чувеног америчког писца Марка Твена, који је написао: "Ако дође крај света, волео бих да се тада нађем у Синсинатију, он је увек десет година у заостатку за другима". Најкраће речено, био је то старински, конзервативни град у држави Охајо, која, пред избијање Америчког грађанског рата, није дозвољавала држање робова, али је, истовремено, град био на граници са Кентакијем, државом која је била робовласничка.

Првих неколико ноћи Лафкадио је преспавао на улици, одакле га је често терала полиција, док није наишао на једног доброг кочијаша, који му је допустио да спава на сену изнад коњушнице. Кочијаш је био толико добар према њему, да је од својих послодаваца крао храну, како би је дотурио Лафкадију.

Почео је да тражи посао, па је радио све што му је понуђено. Чистио је, носио терете, радио као носач пртљага у хотелу, келнер, испоручилац телеграма... Његов живот се променио када је случајно упознао четрдесетпетогодишњег штампара, дошљака из

Енглеске, Хенрија Воткина. "Младићу, чиме желиш да се бавиш, какве су твоје амбиције?", запитао га је Воткин, а мусави, скоро одрпани Лафкадио је спремно одговорио: "Желим да пишем".

Воткин је необичном младићу, који је знао много о грчким боговима, књижевности и филозофији, дозволио да спава на хрпама папира у његовој штампарији, у којој је Лафкадио почео да му помаже. Због слабог вида, штампар није могао да га искористи као словослагача, па му је дао да помаже током штампања, да сакупља рекламе за новине, ради коректуре текстова, а врло брзо му је дао да пише различите, у почетку углавном непотписане, текстове за недељник који је издавао. Међу тим текстовима неки су, већ тада, имали елементе фантастике.

У слободно време Лафкадио је сатима седео у веома богато опремљеној Градској библиотеци, са преко 50.000 књига у рафовима, у којој је читао дела Готјеа, Бодлера, Флобера, Пјера Лотија... (Лоти, писац-поморски капетан ће седамнаест година после тога написати роман „Госпођа Хризантема" са темом из Јапана). У пролеће 1871. године, од породице теткиног мужа стигло му је писмо у коме га обавештавају да је она умрла у јануару те године. Ништа му није оставила у наследство, па је веза са његовим другим завичајем била потпуно пресечена. Имао је само двадесет година када више није имао ниједан од своја два завичаја – ни Грчку, ни Ирску. Одлучио је да пригрли Америку.

Када је дошао у Америку, Херн је имао пуних деветнаест година, а када је почео да се бави писањем – нешто више од двадесет. Његови непотписани текстови у новинама пријатеља издавача нису били још довољно запажени када је једног дана необични младић, чији је изглед, према речима уредника листа "Синсинати инквајер", одавао да "није био у добрим односима са срећом", дошао у његову канцеларију. Сметени младић запитао је прво да ли плаћају текстове спољних сарадника, а, када је добио неодређени одговор, на уредников сто је ставио хрпу папира, окренуо се и отишао.

Уредник је касније почео да чита текст и био запањен лепотом језика, изражајношћу, шармом, у редовима текста које му је донео незнанац. Била је то књижевна расправа о "Краљевским сликама", дванаест поема тада изузетно популарног енглеског романтичарског песника Алфреда Тенисона, које су говориле о британској прошлости и легенди о краљу Артуру. За разумевање Тенисона, романтичара, који је у то доба био дворски песник у Енглеској, било је потребно прилично широко образовање, а за писање расправе такве тежине било је неопходно још много више – познавање историје, књижевности, грчке митологије, и невероватно много књижевног талента. Расправа је објављена у наставцима у три броја локалног дневног листа „Синсинати инквајер," а Лафкадију Херну је одмах понуђен посао, са десет долара недељне плате и потпуном слободом избора о чему ће да пише.

Херн, наравно, није увек могао да бира тему, јер је редакција повремено захтевала да уради нешто што други не би могли, али је врло брзо нашао начина да створи сопствени новинарски стил, који је опчињавао читаоце и подизао тираж новина у којима је радио. Пишући понекад о најобичнијим градским темама, као што су провале, убиства, он је налазио начина да у своје текстове унесе тајанственост, бизарност и узбуђење, што је помагало да читаоци његове текстове прате као узбудљиве егзотичне драме у наставцима. У то прво време, док се бавио темама које су често подсећале на Дикенса, Херн је, по каснијем признању, експериментисао са хашишом, различитим опијатима, али никада није постао зависник. Сматрао је да ће му то помоћи да продре у умове необичних људи које је интервјуисао и да боље разуме свет који је ту откривао.

Да би писао о необичним темама и, наравно, необичним људима, Лафкадио Херн је залазио у делове града у којима су живели црнци, мешанци, свет какав белци из централног дела Синсинатија не само да нису видели, него нису знали ни да постоји, иако су они живели у истом граду. Синсинати је, наиме, због свог положаја био веома важно место за оне који су помагали борбу против ропства. Река Охајо, која пролази поред града, била је граница држава Кентаки и Охајо, па је прелазак преко ње за многе црне робове значио бекство у слободу. Неки грађани Синсинатија играли су важне улоге у доношењу одлуке о забрани ропства, али је у њему било и много злогласних ловаца на робове, који су одбегле црнце, за новац, изручивали господарима преко реке. Не треба заборавити да је у Синсинатију једно време боравила Херијет Бичер-Стоу, аутор „Чича Томине колибе". Она је баш у том граду разговарала са многим црнцима, бегунцима преко реке, па је на основу њихових казивања и склопила своју потресну причу.

Седамдесетих година 19. века расне границе у Америци биле су високе и чврсте, а Херн, са својом прошлошћу и помешаном крвљу у себи, као да их није примећивао, нити осећао. Он једноставно није био свестан да контакти са људима из таквих кругова, са којима се дружио због новинарских задатака, сметају његовим послодавцима, па је једног дана остао запањен кад су му рекли да је добио отказ "из моралних разлога". Толико је био шокиран, да је био решио да изврши самоубиство, желећи да скочи са моста у реку. Међутим, убрзо је добио понуду од супарничког листа, наставио да ради истим темпом, нагнут над столом и папиром, по коме је писао, пошто због слабог вида није могао да се удаљи од папира више од неколико центиметара.

Један од разлога због кога је проглашен "неморалним", можда је била његова веза са мулаткињом Алетеом Фоли, коју је он звао Мати. Многи познаваоци Херновог живота ову његову везу упоређују са односом његових родитеља. Ћерка Ирца и црне робиње, егзотичног изгледа, али веома променљивог расположења и тешког карактера, Мати је знала да излуђује Херна, коме је приговарала због сувише велике посвећености писању. Оженио се њоме 1874. године (једва нашавши свештеника који је пристао да венча белца са мулаткињом), али су се врло брзо растали, да би се поново враћали једно другом, вучени страшћу, а одбијани различитошћу темперамената. Били су заједно непуне три године.

Коначни растанак са Мати допринео је Херновој одлуци да из Синсинатија пређе у Њу Орлеанс. Иако је са листом у коме је радио договорио да му буде нека врста дописника, тај аранжман није заживео, па је поново морао да спава на улици, да скитничи и да тражи срећу. Ипак, глас о најбољем репортеру из Синсинатија стигао је чак до Њу Орлеанса, па је поново нашао посао у малом листу "Итем", коме је тираж вртоглаво почео да расте – захваљујући његовим текстовима.

У Њу Орлеансу Херн се буквално прославио пишући о Креолима, заједници коју је ретко ко познавао, иако она тамо и данас постоји. Потомци шпанских и француских колонизатора, који су се мешали са домаћим становништвом у Америци, а касније и са црнцима, Креоли су створили необичан језик и особену културу, коју је ретко ко познавао.

Херн је релативно брзо престао да буде само репортер и постао је редовни сарадник културних и књижевних страна. У листу "Тајмс демократ" 1880. године је добио звање уредника књижевне рубрике. Дивио се Флоберу, преводио Готјеа (Једна од Клеопатриних ноћи и друге фантастичне приче), Анатола Франса (Злочин Силвестреа Бонара), а рано се заинтересовао за фантастику, објавивши неколико интересантних књижица, углавном превода. Једна од њих била је "Залутали листови из чудне књижевности". Као уредник "Тајмс демократа" увео је рубрику "фантастично", а 1887. године јавно је показао своју заинтересованост за фантастику Оријента, објавивши књигу "Неки кинески духови". Написао је, међутим, и веома практичну, али истовремено маштовиту књигу "Креолска кухиња", издао књигу креолских пословица, написао "Историјски водич кроз Њу Орлеанс" и још много тога.

Свет реалности очигледно није лежао Херну кога судбина није миловала од самог почетка. Не само да је у раном детињству остао без родитељске љубави, већ га је живот шибао и после тога. Био је физички неразвијен (висок нешто више од 150 центиметара), на једно око је био потпуно слеп, а на друго слабо видео, па га је осећање физичке инфериорности вероватно одвело у свет фантастике, коме се све више предавао у дугим часовима самоће. У Њу Орлеансу Херн је први пут почео да пише о будизму, понекад са толико одушевљења, да су неки клерикалније настројени уредници, морали да га смирују. Херн је много путовао по острвима и пределима које су насељавали Креоли, одакле је писао текстове које су у Њу Орлеансу гутали, као да долазе из неких далеких земаља. Из тог периода је и његова прва новела "Чита – сећање на изгубљено острво", драматична прича о младој Креолки, која је после одласка Херна из САД, како су касније тврдили неки критичари, била неправедно заборављена.

У лето 1887. године Лафкадио Херн је прешао у Њујорк, где се настанио у дому Хенрија Кребила и његове жене, богатих пријатеља који су се дивили његовом раду. Први пут после одласка из Грчке кад му је било две године, Херн је добио дом, ма колико привремен, у коме су га волели и ценили. Уместо да седи у Њујорку и да се, као песник Волт Витман, диви Менхетну, Лафкадио Херн је кренуо на тромесечно путовање паробродом по острвима Доминика, Мартиник, Тринидад Тобаго, Санта Лусија, и Британска Гијана, одакле је донео серију текстова и успео да их прода угледном часопису "Харперс викли". На Мартинику је боравио бар још једанпут и стекао углед човека који разуме другачије пределе и културе, утревши тако себи пут који ће га одвести у Јапан.

Осим писања о будизму, у коме је, наравно, помињао Јапан, Лафкадио Херн је прве своје текстове о тој земљи написао за "Харперс викли" и " Харперс базар" у време велике изложбе у Њу Орлеансу 1885, на којој је Јапан имао свој штанд. Херн је неколико пута долазио на јапански штанд током изложбе, а касније је представник

Министарства образовања Јапана на изложби, Ићизо Хаттори, забележио садржај тих разговора. Није прошло много, а Херн је добио понуду да отпутује у Јапан и оданде пошаље серију чланака о тој непознатој, егзотичној земљи.

Само нешто више од тридесет година пре тога, Јапан је, под притиском Сједињених америчких држава, 1854. одлучио да се после две и по вековне самоизолације отвори према свету, 1868. године је укинуо феудализам и започео модернизацију земље. Јапан се био изоловао од света на самом почетку 17. века, у страху да не постане једна од колонија западних земаља, па је сваки контакт са иностранством (осим неких строго контролисаних) био забрањен под претњом смрћу.

Таква земља, као изненада извучена из неке дуго затворене средњевековне кутије, постала је, између осталог, и туристичка дестинација о којој се мало знало. Управо због тога му је канадска бродска компанија обезбедила бесплатну карту за воз и брод, а "Харперс викли" неопходан новац за трошкове да би тада већ познати новинар и писац могао да крене у ту необичну земљу и својим текстовима је представи америчким читаоцима.

Друга половина 19. века постала је позната, између осталог, и по све већој популарности речи *глобтротер* (светски путник). Бродови су постајали све бржи, дошло је до великог развоја железнице, па су људи све више одлучивали да не путују само по својој земљи, свом континенту, него и на оне друге, удаљене. Ту моду светских путовања умногоме је помогао француски писац фанстатичних романа Жил Верн, чија су дела (*Пут у средиште земље* – 1864, *Путовање на Месец* – 1865 и *Пут око света за 80 дана* – 1873) просто мамила обичне људе да крену стопама њихових јунака. Први "окидач" за ту моду била је велика Светска изложба одржана 1851. у Лондону, када је обичан свет добио прилику да види сва она чудеса која су била или потпуно недоступна, или су могли да их виде само припадници богате аристократске класе. Невиђени призори, предмети, одећа, људи из егзотичних земаља дошли су у Лондон да их сви виде, па је "егзотизам" постао мода у књижевности, музици, сликарству и другим уметностима. А, пошто нису сви могли да одмах крену на пут, листови и часописи утркивали су се ко ће да донесе интересантнију и чудеснију причу. То је био разлог зашто је "Харперс магазин", часопис америчке средње класе, ангажовао Лафкадија Херна, а, пошто је фотографија још била у запећку, са њим је кренуо илустратор Ц.Д. Велдон, чији су цртежи штампани уз Хернове текстове, али који су и овековечили Херна у тим првим данима у Јапану.

Херн је из Њујорка возом отпутовао прво до Монтреала, а онда до Ванкувера, одакле је пароброром " Абисинија" 17. марта 1890. запловио према Јапану. Касније је тај пут возом од Монтреала до Ванкувера назван "пут за Јокохаму",пошто се тада са америчког континента у Јапан стизало бродом.

Јапан је једном ногом још био у Средњем веку када је на његово тло у луци Јокохама 12. априла (други извори тврде 4. априла) крочио Лафкадио Херн. По јапанском рачунању времена то је била 23. година ере Меиђи, назване по цару који је укинуо феудално друштвено уређење, прекинуо владавину шогуна и прогласио такозвану реформацију. У жељи да што пре реформише земљу, цар Меиђи је послао младе људе широм света да искуства развијених земаља пренесу у више од два и по века изоловану и технолошки заосталу земљу.

У исто време је у Јапан нахрупила права река странаца којима је та земља, дуго неприступачна и изолована, изгледала као неиспитани оријентални бисер. Један од тих странаца био је и Лафкадио Херн, који је ту дошао накратко, са намером да напише серију чланака, али је остао до смрти. Оженио се Јапанком Сецу Коизуми, узео јапанско држављанство и име Јакумо Коизуми, и у Јапану је и умро. Његов гроб у мирном, помало уснулом, крају великог мегалополиса Токија, и данас је место ходочашћа, а на импресивном надгробном камену на гробљу Зошигаја само је уклесано његово јапанско име.

Иако је иза себе оставио подужи запис "Мој први дан на Истоку", Херн у њему не успева да објасни како је на њега деловао Јапан тог првог дана. Чињеница, међутим, да је текст писан много касније и да су прошли месеци док није записао прве утиске, сведоче да је Лафкадио Херн баш у Јапану први пут удисао ваздух пуним плућима.

Складно мешање очуване традиције и плодова западњачке цивилизације, која је тек почела да продире, љубазност и учтивост у опхођењу, урођена радозналост Јапанаца, чинили су да је исто тако радознали Херн био потајно уверен да је стигао у обећану земљу. Он, који је у Америци сам себе сматрао чудаком, чији се свет реалности мешао са светом демона, изненада је доспео у земљу у којој су прикaзе, демони и чудеса били део свакодневице.

"Ево ме, ја сам у земљи снова, окружен необичним боговима. Изгледа ми као да сам знао за њих и волео их, некад у прошлости ", написао је Херн пријатељу Хенрију Воткину. А пријатељици Елизабет Бисланд је написао: " Оно што волим у Јапану су Јапанци – сирота и једноставна човечност, која одликује ову земљу. Та човечност је света... Мислим да је њихова уметност одмакла много испред наше, као што је уметност старе Грчке била одмакла испред уметности других народа Европе, који су им претходили".

На острву Хоншу, негде на супротној страни Земљине кугле, гледано од његове родне Лефкаде, Херн је открио да дух старе Грчке још живи – у Јапану. Као и стари Грци, Јапанци су се клањали својим боговима у светилиштима, али и у шумарцима, на пољима, поред потока. Јапанци су, као ниједна нација осим старих Грка, осећали посебну наклоност према инсектима. У музици Јапана и старе Грчке чак су се користиле истоветне скале. Песме из старих грчких антологија и јапанске песме кратке форме хаику и танка, делиле су исти сензибилитет, али и методе – написао је један његов амерички биограф.

Тај биограф наводи једног каснијег аутора, који је тврдио да су стари Грци украшавали своје куће и бродове на исти начин као Јапанци, да су грчки ратници били опремљени слично као самураји, да им је била слична керамика, али и светковине.

Верни, уз будизам, својој древној вери шинто, Јапанци су сматрали природним да ствари имају душу, да се у сваком дрвету, потоку или планини крије понеко мање или веће божанство или демон. На десетине прича о чудним догађајима, које је Херн касније написао, испричане су му као да су се стварно догодиле. Причали су их често учесници или очевици, а сâм Херн је уз такве текстове увек стављао и забелешку о месту и времену догађаја о којима пише.

На Хернову одлуку да остане дуже у Јапану, сигурно је у великој мери утицало то што по први пут у животу није морао да мисли о својој физичкој инфериорности. Свугде око њега били су људи његове висине и грађе, а прве комплименте супротног пола добио је баш ту где су његове црте лица биле за околину лепе и интересантне.

Када је донео одлуку да остане у Јапану, посвађавши се преко писма са својим издавачем (нису му исплатили обећане хонораре, нити обезбедили дуготрајнији уговор, обећаван до последњег тренутка), Херн је схватио да у Јокохами и оближњем Токију, који су већ били пуни странаца, неће моћи да нађе посао. Из Јокохаме, Лафкадио Херн је убрзо отишао у 450 километара удаљен град Мацуе, на обали Јапанског мора, до кога је, са својим првим познаником у Јапану, студентом Акиром Манабеом, који се понудио да са њим иде као тумач, путовао, комбиновано возом, рикшом и бродићем, скоро пет дана.

Тај део Јапана, некада у блиским контактима са Кином, сада после навале странаца на Токио, Осаку, Нагасаки и друге градове на Пацифику, као да је био још изолованији – живи музеј јапанске традиције и фолклора. Добивши посао наставника енглеског језика у средњој школи, Херн се настанио у Мацуеу, где је преко дана подучавао енглеском језику дечаке од дванаест-тринаест година у школским униформама, а слободно време користио је за упознавање са земљом, људима, начином живота, културом и традицијом.

Далеко од свих промена које су задесиле Јапан протеклих деценија, град Мацуе и његова околина били су најбоље место за упознавање јапанске традиције. Град трговаца и самураја, препун храмова и светилишта старе вере шинто, са много занимљивих места у околини, био је Хернова учионица у којој је учио нешто што је странцима у великим јапанским градовима било скоро недоступно – да равноправно комуницира са Јапанцима.

Херн је тешко савладавао јапански језик, Јапанци око њега још су теже памтили енглеске речи, али његов таленат за комуникацију, јаки инстикти и топлина коју је наследио од мајке, а које је толико користио у Сједињеним Државама, где је знао да се приближи друштвеним групацијама којих су се други бојали, били су одлучујући у томе да је брзо стекао поверење своје околине. Уживајући у његовој невиној радозналости, урођеној благости, али и у чињеници да им је указивао пуно поштовање, Јапанци су давали све од себе да га упознају са својим обичајима, да му приближе оно што су од других чували као драгоцену тајну.

Лафкадио Херн се први пут обесхрабрио кад је у Јапан стигла зима. Нико то до сада још није како треба објаснио, али се Јапанци према зими понашају као према нечему привременом, па чак и у крајевима у којима она траје скоро пола године. Куће се и у најхладнијим крајевима Јапана граде од дрвета и папира, као на крајњем југу, не греју се, осим неком врстом мангала (*хибаћи*), или се укућани окупе око *котацу*-а (мангала стављеног у удубљење у поду, преко кога се стави сто, прекрије јорганом, а сви увуку ноге испод стола и тако се греју), који се користи и данас (уместо мангала је електрична грејалица). Ни у доба најсавршенијих технолошких решења за све у њиховом животу, Јапанци нису смислили ништа да загрију куће. Чак и данас, у 21. веку, централно грејање имају само пословне зграде у Токију и другим градовима, док га нема ни најексцентричнији јапански милионер.

Изгледа да такав став према зими, иако је прилично здрав за организам, није у потпуности аскетски. Јапанци дубоко у својим генима као да гаје осећај човека из тропа, који обожава сунце и живи од његове топлоте. Зима, то је само привремено стање, пре него што пролеће огреје.

Можемо само да замислимо колико је било хладно у кући у којој је Херн живео, где није било ничега осим *хибачи*-а и *котацу*-а. "Осећам да, ако доживим још неку овакву зиму, бићу бачен на колена", писао је пријатељу. Наговештавао је да сања о Мартинику и о идеји да топле делове године проводи у Јапану, а зиме негде где их уопште нема, па се чак питао како неко може уопште да размишља о будизму, када се смрзава до костију.

Пријатељ из Мацуеа, професор Сентаро Нишида, који га је обишао док је једном лежао болестан и схватио да овај очигледно недовољно брине о себи, нашао је веома једноставно решење за Херна – да би опстао, треба да се ожени младом Јапанком, која ће га грејати и бринути о њему. А Нишида је "у рукавима свог кимона" имао већ и спремну невесту, двадесетдвогодишњу Сецу Коизуми, из некада веома угледне самурајске породице из тог града, која је тих дана била запала у економске проблеме. Његов задатак као зета биће да брине и о њеним родитељима, али, са његовим приходима то није било толико тешко.

Четрдесетогодишњи Херн је размишљао веома кратко – и пристао. У јануару 1891. године, око девет месеци после доласка у Јапан, Херн је добио своју породицу. Његова невеста и он испили су чашице сакеа, заветујући се једно другом, у присуству професора Нишиде и других пријатеља из Мацуеа, као и невестине породице. Лафкадио Херн је, уствари, према важећим јапанским законима, био усвојен, јер је то био једини начин да се ожени Јапанком и касније добије јапанско држављанство.

Сецу је била права јапанска млада, традиционално одгајена да брине о своме мужу, да хода иза њега неколико корака и да – не говори много. Младожења и млада сигурно нису ни могли да много разговарају, нарочито у почетку. Она није знала ни реч енглеског, а Херн је само натуцао јапански, који никада није научио како треба. Мало, помало, између њих се развила присност и успели су да створе властити начин комуникације. Херн је писао пријатељима, као да им се извињава, да не очекује да му жена буде интелектуални партнер, да према њој не осећа онакву страст, коју је раније осећао према неким женама из млађих дана, укључујући и мајку, али је убрзо развио дубоку емотивну привреженост према својој жени, научивши да цени њене дискретне начине да му удовољи, али и да брине о њему – и да га учини срећним.

Лафкадио Херн је врло рано изгубио мајку, остварио прилично необичну присност са својом старом тетком у Ирској, иако је она била хладна према њему, од пријатеља у Синсинатију и другим градовима Америке је био створио неку врсту вештачке породице, али се сада, тек у Јапану, осетио као човек који има на кога да се ослони и као неко од кога породица зависи.

Хернова плата била је прилично добра за тадашње јапанске прилике, а почели су да му стижу и хонорари за књиге и чланке које је објавио пред долазак у Јапан, тако да је убрзо, у јуну 1891. могао да изнајми велику традиционалну кућу, прави *јашики*, резиденцију добростојећих самураја. Смештена између замка Мацуе и оближње шуме, кућа од дрвета, са једноставним класичним намештајем изванредне израде, са старим сликама на свитцима папира и калиграфијама, била је место у коме је Херн нашао свој мир – и могао да непрекидно ради, док је жена бринула о њему. Био је то рај на који до тада никада није могао ни да помисли, јер никада није имао прилику да осети такав живот.

Имао је много слободног времена да пише, о свему што је сазнавао за време боравка у том лепом старом граду, а својој новој жени изгледао је прилично зането, чак јој се чинило да је он у неком трансу. Једанпут га је затекла у задимљеној соби, у којој светиљка само што није запалила нешто, јер је фитиљ из ње био извучен, али Херн није уопште бринуо о томе, нити осећао загушљиви ваздух. Само је непрекидно писао.

Крајем 1891. године, Херн се са жаљењем преселио из дивног града Мацуе, у Кумамото – много већи и динамичнији град на самом југу Јапана. У Кумамотоу је живео велики део женине породице, ту је добио посао предавача на једном колеџу и много већу плату, која је њему и породици обезбеђивала много лагоднији живот. Иако је Кумамото био град на самом југу, Херн је пронашао велику америчку гасну пећ коју је убацио у своју собу, коначно се ослобађајући страха од зиме, чиме је добио и место на коме ће моћи још више да пише.

Херн је писао пријатељима у Америци да први пут толико велики број људи зависи од њега – чак њих деветоро: његова жена, њена мајка, њен отац, женина помајка, женин деда по мајци, неколико слугу и један будистички ученик. Херн је посебно уживао у разговорима са дедом своје жене, који је у време доласка у Кумамото имао осамдесет четири године, а који је у младости био тутор феудалца из града Мацуе. Деда је више живео у прошлости него у садашњости, а Херн је од њега чуо најдивније приче и казивања о јапанској прошлости, обичајима, култури и начину размишљања.

Херн је писао да му је у почетку страшно тешко падало то што су га сви сматрали веома важним, па је његова жена све време седела поред њега, служећи га, док је доручковао, једва пристајући да и сама стави неки залогај у уста, да му је додавала комад по комад његове западњачке одеће док се пресвлачио пре одласка на колеџ, а онда су га сви чланови породице, укључујући и слуге, пратили до рикше која га је чекала, да би га исто тако дочекали кад се врати и пратили цео процес његовог пресвлачења у кимоно, у коме је проводио време у кући.

Сецу често није могла да разуме понашање свога мужа, његову сувише велику опчињеност писањем, али ни бригу о најситнијим створењима у свом окружењу. Једном је рекла да никако није могла да схвати зашто њен муж храни змију која се одомаћила у њиховом врту, дајући јој најбоље делове свог ручка. Запитавши га, чула је необичан одговор: "Дајем јој да једе, да не би прождирала жабе. И оне имају право на живот". Сецу је била зачуђена, јер такав начин размишљања никада не би могла да очекује од неког јапанског мушкарца. За њу је Лафкадио био сувише нежан, скоро да је имао неку врсту женског сентимента.

У граду Кумамото, иако га до краја никада није заволео као Мацуе, Лафкадио Херн је стекао финансијску независност, јер му је не само плата била већа, него је ту имао времена да много више пише за листове на енглеском језику у Јапану, за листове и часописе у Америци, да почне да објављује књиге. У Кумамотоу му се 17. новембра 1893. родио и син Леополд Казуо Коизуми, леп здрав дечак, за кога се отац непрекидно, безразложно, бринуо пре него што је дошао на свет – плашећи се да дете не буде слабог вида. Дечак је био не само пун енергије, него су му очи биле јасне и крупне и никада није имао проблема са видом.

У Кумамотоу је 1895. Херн коначно одлучио да тешког срца одустане од британског држављанства (америчко никада није био прихватио) и да до краја заврши са церемонијама усвајања у женину породицу, како би у потпуности постао јапански држављанин. На ту одлуку приморало га је искушење које је осетио када су му на колеџу понудили да га у платним списковима воде као странца, јер би му плата била много већа. До тада, званично, ни поступак добијања јапанског држављанства за њега није био окончан, нити је његов брак могао да буде међународно признат, јер је церемонија венчања била обављена искључиво по јапанским обичајима.

Ако би одлучио да се на колеџу пријави као Британац, онда би се врло брзо поставило питање званичног статуса његовог брака, па би Сецу морала да узме британско држављанство, како би се, по међународним прописима, удала за њега. Ако би то учинила, изгубила би јапанско држављанство, право на породично наследство, па и на породично име, а он би своје јапанско име изгубио заједно са њом.

Врло се мало помиње та чињеница, али директор колеца у коме је предавао Лафкадио Херн у граду Кумамото био је нико други до Ђигоро Кано, творац модерног џудоа. Постоји једна заједничка фотографија особља колеца, у коме су, у првом реду, али прилично раздвојени, Херн и Ђигоро Кано, али о њиховим контактима, или односима, нема много података.

Херн је одлучио да потпуно пресече везе са својом прошлошћу и да у потпуности постане Јапанац. Породица Коизуми усвојила га је као зета, он је добио јапанско име Јакумо (у значењу: осам облака, што је име преузето из старог јапанског дела *Коџики*) Коизуми, а његово венчање записано је у породични регистар породице Коизуми. "Мислим да су Јапанци најбоља врста људи са којима човек може да проведе свој живот", написао је тих дана пријатељу: "Где бих могао да нађем некога ко би толико бринуо о мени и толико ме волео, као што то чини моја јапанска породица. Ја, једноставно, не мислим да имам бољи избор ".

У октобру 1894. Лафкадио Херн је прихватио понуду која га је вратила његовој старој љубави – новинарству – и са породицом се преселио у лучки град Кобе, на Пацифику, где је добио стални посао као коментатор листа на енглеском језику "Кобе Кроникл". Ту у Кобеу је 1895. коначно завршен дуги процес узимања јапанског држављанства и званичног добијања јапанског имена Јакумо Коизуми. Херн је писао свакодневне коментаре и уводнике, на различите теме, које нису биле предмет његовог великог интересовања, али је наставио да редовно пише текстове о Јапану за часопис "Атлантик мантли" у Америци. Те године му је истовремено и у Америци и у Енглеској објављена његова прва књига о

Јапану "Glimpses of Unfamiliar Japan" (*Призори необичног Јапана*).

У децембру 1895. Херн је добио понуду да преузме катедру за енглески језик и књижевност на Токијском царском универзитету, најбољи посао који је могао да добије у Јапану. Прихватио га је нерадо, јер је од почетка сматрао да у престоници Токију нема оног Јапана који га је интересовао и који је волео. Токио је био град модернизованог Јапана, не град традиције и старог начина живота, али понуђени посао је био врхунац његове каријере, а и његова породица је желела да живи у Токију. "Сецу мисли о Токију оно што свака Францускиња мисли о Паризу", написао је Херн и прихватио посао.

У Токију му је Сецу родила још троје деце, два дечака (Ивао и Кијоши) и девојчицу (Сузуко). Херн је мало писао о својој деци, али, када је писао, највише је помињао најстаријег Казуа, који је једини имао западњачке црте лица и смеђу косу, док су остала деца имала типична јапанска лица. Као да је тиме несвесно признавао да ни сам никада није постао "потпуни Јапанац", што је понекад отворено желео, али је у дубини душе схватао да је то немогуће.

Херн никада како треба није научио јапански језик. Сви његови новопечени рођаци и пријатељи његов јапански су називали "херновским језиком". Ипак, језик домородаца Херн је довољно разумео да би у шетњама, путовањима, у разговору са старцима и женама (онима који су највише знали о предањима и бајкама), сазнавао драгоцене податке о јапанској култури и фолклорној традицији и да то што је чуо запише. Својим ученицима и касније студентима на Токијском царском универзитету, где је предавао од 1896, Херн је задавао писмене задатке на енглеском са темама из јапанске књижевности, фолклорних предања и историје. Тако је долазио до драгоценог материјала о јапанском начину мишљења, духу и традицији, свему ономе што је другим странцима било углавном недоступно.

Несавршено знање јапанског језика сигурно је помогло да Лафкадио Херн постане оно што је, био – тумач Јапана кога су сами Јапанци по вредности изједначили са својим културним институцијама као што је, на пример, *хаику* поезија. Да је знао јапански, Херн би можда дошао у искушење да преводи старе приче и предања из јапанских књига. Овако, његов списатељски инстинкт приморавао га је да на хартију стави све оно што је наслутио, успео да чује и разуме. Уместо да их преводи, он их је препричавао, па су често, по признању самих Јапанаца, који их поново преводе на јапански језик и штампају, те приче биле, понекад, лепше од оригинала.

Рођени писац, Херн је из за њега полуразумљивог казивања неког старца могао да добије довољно елемената да испише дивну причу. Легенде и приповетке из древних књига које су му препричавали, Херн је поново исписивао на енглеском стварајући, што су касније и сами Јапанци признали, много боље приповедачке целине од древних разуђених нарација. Кад су се у Токију појавиле и прве Хернове књиге, одмах су се нашли Јапанци који су почели да их преводе на свој језик. Хернов опус је тако брзо нашао места и у јапанској школској лектири, а он је постао неодвојиви део јапанске књижевности. Јапанцима је очигледно било лакше да преведу Хернове верзије него да сопствене древне текстове преводе на модерни језик, поједностављују их и скраћују.

Лафкадио Херн није писао само приче. Писао је о карактеру Јапанаца, обичајима, правио дневнике са путовања по земљи, писао есеје, студије, чак и о јапанским инсектима, описивао сопствене доживљаје, анегдоте. Сви ти текстови објављивани су у све бројнијим листовима и часописима на енглеском језику које су читали чланови колонија странаца у Јокохами и другим великим градовима, а Херн је неке слао и у Сједињене Државе, листовима за које је некада радио. Свет је желео да што више сазна о Јапану, а ретки су били странци који су успели да стекну толико поверење Јапанаца какво је стекао Херн. Сви ти текстови касније су сакупљани и издавани као књиге, а и дан данас се стално прештампавају.

И данас Хернови текстови дошљацима у Јапан служе као нека врста уџбеника о Јапанцима, њиховом начину размишљања, карактеру, историји и традицији. Прва књига коју сам, на наговор пријатеља, купио по доласку у Токио била је баш "Каидан", Хернова књига која има и поднаслов "Приче и студије чудних појава и догађаја". Та књига је Херна учинила познатим широм света после омнибус филма снимљеног 1964. приказаног и у Југославији, филма прављеног по неким причама из књиге. Филм је режирао Масаки Кобајаши, имао је назив "Каидан", а код нас је био преведен као "Страшне приче". Касније, 2007. године снимљен је још један истоимени филм у режији Хидеа Накате.

Лафкадио Херн је био изузетно плодан писац и оставио је за собом више од педесет томова прича, есеја и записа. Само у Америци, пре доласка у Јапан, објавио је десетак књига, најмање четрдесет за време живота у Јапану, а постхумно је објављено још неколико томова у којима су сакупљени његови текстови из часописа, дневних листова, његова предавања на универзитету. Још увек није објављена његова цела кореспонденција, али је објављено много текстова о њему, као и сећања његових савременика на ову изузетну личност.

Готово је невероватно да толико много уради један човек, који је и за то доба релативно кратко живео, а, који је, поред тога, био драстично оштећеног вида. Јапанац Нобушиге Аменомори, који је дошао да посети Херна у његовом дому у Мацуеу, записао је много касније редове из којих може да се види како је Херн радио. "Тек кад би сви заспали, Херн је палио лампу у својој радној соби и, уз помоћ велике лупе са којом се нагињао над хартијом, скоро помахнитало исписивао редове и редове текста. Једне ноћи када нисам могао да спавам, пошао сам код њега и пре него што сам ушао, кроз отшкринута врата видео сам нешто што ми је у први мах деловало као приказа. Исколаченог јединог ока, са лупом у руци у којој се пресијавао пламен лампе, Херн је изгледао исто толико опседнут демонима као што су биле личности из његових прича."

Лафкадио Херн је умро 26. септембра 1904. године, непосредно после преласка на универзитет Васеда, на коме је почео да предаје енглеску књижевност. Књижевност је "специјалност" тог универзитета (на коме сам и сâм студирао као постдипломац), а који има изузетан углед у књижевним и културним круговима, па је вероватно прелазак са Царског универзитета био Хернова жеља.

Те исте године свет је почео да упознаје Јапан не само као егзотичну земљу, већ и као војну силу у рату против царске Русије. Иако је у неколико текстова са симпатијама писао о малој земљи која се бори против гигантског суседа, и мада је у почетку хвалио своје студенте који су као један од својих идеала истицали "личност цара", Херну се сигурно не би свидео Јапан који је тада почео да ствара све веће освајачке апетите код својих поданика; Јапан који је кренуо да зграби цео свет; Јапан који је аутор Перл Харбура, покоља у Нанкингу и целе оне ратне трагедије која се окончала Хирошимом и Нагасакијем.

Прави бум Лафкадија Херна почео је у Јапану и Америци после Другог светског рата, када је дошло до отрежњења и жеље Јапанаца да поново постану равноправни чланови света. Херн је постао мост којим је оно што је лепо у јапанској култури и традицији поново почело да допире до срца странаца. На осамдесетогодишњицу његове смрти 1984, али и на стогодишњицу 2004, Јапан се достојно одужио Лафкадију Херну. О њему је много говорено, писано, изашла су многа нова издања његових књига, а јапанска телевизија приказала је 1984. године целогодишњу(!) серију о Херновом животу.

Необично је, али за Херном је остало само његово дело. Већина места у којима је он проводио део живота или су потпуно нестала, или су на неки начин драстично променила свој изглед. Део Синсинатија у коме је Херн живео није сачувао ниједну од старих зграда, нарочито оних од дрвета, из доба када је он тамо боравио. Град Сент Пјер на Мартинику, у коме је Херн провео око две године, уништен је у ерупцији планине Пеле 8. маја 1902, још за Херновог живота. Острво Гранд Исл у Мексичком заливу, у коме је Херн волео да борави, потпуно је "збрисано" великим цунамијем 1893. године, када је уништен и хотел "Кранц" у коме је Херн одседао. Двоспратна дрвена кућа на Лефкади у којој је Херн рођен, срушена је и уништена у земљотресу 30. јуна 1948. године. Само је једна од кућа у јапанском граду Мацуе, у којој је живео, сачувана и претворена у музеј посвећен Лафкадију Херну. Ту је остало нешто намештаја који је он користио, писаћи сто, прибор за писање и још неколико Хернових личних предмета.

Приче из ове књиге углавном су преузете из књиге "Каидан", књиге која је објављена непосредно после Хернове смрти, али има и текстова из других Хернових дела. Занимљиво је да је једна од најлепших од њих, прича "Снежна жена", прво објављена на енглеском у "Каидан"-у, а тек касније преведена и објављена на јапанском. Херн је записао да ју је чуо од сељака из села Нишитамагори у области Мусаши. Многе приче, иако је Херн записао да су преузете из древних јапанских текстова, имају уствари кинеско порекло.

Неколико текстова у овом избору нису приче, већ Хернови записи. "Футон из Тотторија" је приређени део путописа "Поред Јапанског мора", у коме износи причу коју је чуо од мештанина, "На железничкој станици" је запис-репортажа објављена у једном листу, а "Живи бог" је такође приређени део много дужег текста, записа о истинитим догађајима.

Нисам одолео да у овај нови избор не уврстим и одломак из дужег аутобиографског текста "Мој први дан на Истоку", део у коме Херн говори о својим првим утисцима у Јапану, као и есеј "О жељи да се дохвати месец", који довољно илуструје његову маштовитост, образовање и савршен стил. Оба текста превео је Милош Комадина , а преузета су из књиге "О жељи да се дохвати месец" у издању СИЦ-а 1987. године. Ове текстове сам делимично дотерао и редиговао.

Први превод Лафкадија Херна на нашим просторима објављен је 1924. године у Загребу ("Кокоро" – превод Јанка Иблера). Много касније, 1986. објављен је мој превод књиге "Каидан". Књигу Хернових есеја "О жељи да се дохвати месец" у преводу Милоша Комадине 1987. објавио је СИЦ, а издавачка кућа "Кокоро" је у Београду 2007. поново објавила преводе Јанка Иблера, поделивши их у две књиге "Кокоро" и "Хораи". Један од новијих превода је "Први дан на Истоку" преводиоца Милана Милетића, у издању Српског службеног гласника 2009. године. Соња Вишњић Жижовић је превела Хернову књигу "Јапан – покушај тумачења", а у два тома 2012. и 2013. ту књигу је објавила издавачка кућа "Кокоро".

Прву верзију овог превода под називом "Страшне приче" објавио сам у нискотиражном приватном издању, неколико преведених прича биле су објављиване у часописима, а онда је крушевачка "Багдала" 1986. године у 5.000 примерака објавила целу верзију, да бисмо на ово ново и допуњено издање чекали читавих двадесет седам година. Надам се да ће ови текстови, после бројних превода других Хернових књига, српском читаоцу дати комплекснију слику о разноврсности стваралаштва овог изузетног писца и тумача Јапана.

∗ ∗ ∗

Од самог почетка мог боравка у Јапану 1974. године, где сам студирао јапански језик и књижевност на постдипломском курсу Универзитета Васеда, био сам некако судбински везан за Лафкадија Херна. Врло близу универзитета (на коме је Херн пред крај живота предавао) налази се и гробље Зошигаја, на коме још постоји Хернов лепо одржавани гроб, који сам неколико пута обишао. Прву књигу коју сам, на сугестију пријатеља, како сам рекао, купио у јапанској књижари била је баш "Страшне приче" Лафкадија Херна. Први текстови које сам почео да преводим за време боравка у Јапану, били су текстови баш из ове књиге.

Док сам се "загревао" за студије у Јапану и прикупљао знања о тој земљи, пре него што ћу први пут да отпутујем у њу, један од филмова који сам са највећим жаром гледао у Београду био је и филм Масакија Кобајашија "Каидан", према причама из истоименог дела Лафкадија Херна.

Све време док сам ишчитавао "Каидан", и друге Хернове књиге, осећао сам се као да са тим писцем имам неку посебну везу. А, када бих се расправљао са другим странцима у Јапану колико ко од нас може да разуме Јапан, увек сам као аргумент да људи из моје земље могу да Јапану буду ближи него они са Запада, узимао Лафкадија Херна, који је рођен веома близу Србије, био крштен као православац и у најранијем детињству одгајан од стране мајке, која је у најмању руку имала балкански менталитет.

А онда, пре неколико година, када сам схватио да је дошло време да обновим свој превод Лафкадија Херна, замолио сам пријатељицу која живи у САД да ми пронађе неку исцрпнију биографију овог писца, како бих могао да допуним и овај текст о њему.

Била је одмакла ноћ када сам тог дана, када ми је поштар донео књигу ″Дух који лута – Одисеја Лафкадија Херна″ аутора Џонатана Кота, сео да се одморим. Почео сам да ишчитавам тек добијену књигу, више да прелећем по странама (јер их има преко четири стотине), када сам изненада застао на 278. страни, на којој је у дну, приметио сам то у магновењу, писало име моје земље - Србија. То име сигурно није могло да ми промакне.

У поглављу са називом "У земљи Богова", у коме Херн описује своје прве утиске по доласку у Јапан, на једном месту био је и запис, на папир стављен прве ноћи коју је провео у граду Мацуе. Херн је седео у изнајмљеној соби, која се налазила преко пута средњевековног замка и записао следеће:

"Постоји легенда о настанку тог мрачног замка. Записано је да је, у складу са неким веома примитивним и варварским обичајем, потпуно истим као онај на кога су сачуване страшне успомене у најтужнијој српској балади "Зидање Скадра", девојка из града Мацуе жива узидана у зидове замка и тако жртвована неким сада заборављеним боговима".

Херн је додао да се ништа не зна о младој Јапанки узиданој у зидове замка Мацуе, осим тога да је била веома лепа и да је волела да игра. Отада, каже Херн, ниједна девојка не игра у близини замка Мацуе, јер би се тада, како се верује, зидови замка страшно затресли, а можда и срушили.

Била је прошла поноћ. Вероватно беше исто доба ноћи у коме је Лафкадио Херн, пре око сто двадесет година, исписивао те редове. Обузела ме је језа када сам схватио колико је јака веза између мене (нас Срба) са тим човеком који је у тмини неке давне јапанске ноћи, без енциклопедија или приручника које би могао да прелистава, или садашњег новог изума интернета, знао да причу коју је чуо истог дана упореди са садржином једне од најлепших српских епских песама. То је значило да не само да је добро познавао ту српску песму, већ је, вероватно, прочитао много других и да је још много тога знао о нашој историји, култури, митовима…

Тада сам схватио да је жеља да обновим ове преводе и поново објавим књигу "Страшне приче" Лафкадија Херна, чинећи је доступном новим генерацијама српских читалаца, није била обична рутина, него врста важног задатка којим је требало да се одужим том необичном човеку.

У Београду
15. априла 2012.

Драган Миленковић

Лафкадио Херн
Страшне приче

Београд, 2012.

Издавач
СЈД „Београд-Токио"
Меше Селимовића 13, 11160 Београд

Уредник
Предраг Мијатовић

Дизајн корица и прелом
Драган Лазаревић

Избор и превод
Драган Миленковић

Штампа
Графичар Ужице

Тираж
500 примерака

Наруџбине књига на телефоне:

011-343-1294 или 063-332-358

Или мејлом на: srbija.japan@gmail.com

CIP - Каталогизација у публикацији
Народна библиотека Србије, Београд

821.521-32
821.521:929 Херн Л.

ХЕРН, Лафкадио, 1850-1905
  Strašne priče / Lafkadio Hern ; izbor i prevod Dragan Milenković. - Beograd : SJD "Beograd-Tokio", 2012 (Užice : Grafičar). - 119 str. ; 21 cm. - (#Biblioteka #Japanska književnost)

Japansko pismo. - Tiraž 500. - Lafkadio Hern - život i stvaranje: str. 105-112. - Objašnjenja: str. 113-120.

ISBN 978-86-87651-10-4
1. Миленковић, Драган [приређивач, сакупљач] [преводилац] [аутор додатног текста]
  а) Херн, Лафкадио (1850-1905)
COBISS.SR-ID 193404428

Садржај:

ТАКТИКА 5
У ШОЉИ ЧАЈА 8
 СНЕЖНА ЖЕНА 12
ПОНОВНИ САСТАНАК 17
ПРИЧА О БЕЗУХОМ ХОИЋИЈУ 22
МУЂИНА 33
ПРИЧА О КВАШИНУ КОЂИЈУ 36
АКИНОСУКЕОВ САН 44
РОКУРО КУБИ 51
 ПРИЧА О НОРИСУКЕУ ИТОУ 62
ЂУГОРО 76
ОШИДОРИ 82
ПИТАЊЕ У ЗЕН ТЕКСТОВИМА 85
ОДРЖАНО ОБЕЋАЊЕ 91
ЗДРАВ РАЗУМ 96
ЖИВИ БОГ 100
ФУТОН ИЗ ТОТТОРИЈА 106
НА ЖЕЛЕЗНИЧКОЈ СТАНИЦИ 110
МОЈ ПРВИ ДАН НА ИСТОКУ 115
О ЖЕЉИ ДА СЕ ДОХВАТИ МЕСЕЦ 120
ЛАФКАДИО ХЕРН – Тумач Јапана 127

www.ingramcontent.com/pod-product-compliance
Lightning Source LLC
Chambersburg PA
CBHW060755050426
42449CB00008B/1414